戎川——著

唐代僧人『前理解』研究

中央民族大学民族宗教学研究博士文库

社会科学文献出版社
SOCIAL SCIENCES ACADEMIC PRESS (CHINA)

本书的出版受到"中央高校建设世界一流大学(学科)和特色发展引导专项"资助

总　序

　　中央民族大学进入"985 二期工程"以来，"当代重大民族宗教问题研究中心"实施了十大项目课题。民族宗教学作为一门民族学与宗教学相交叉的新学科的建设取得了一系列成果。在理论框架探索方面，初步构建起学科的学理体系，包括确立它的研究对象、范围、方法，阐释它的主要概念的内涵与外延，说明它的主要议题及思路。在历史经验总结方面，初步总结了建国以来的民族宗教工作的历程与经验，和民族宗教问题上的宁夏经验、云南经验、甘肃经验。在田野调查开展方面，围绕民族与宗教、宗教与社会的互动关系，进行深入调查研究，获得了大量资料，提炼出一系列新议题新见解。中心还实施了基督教中国化研究、藏传佛教文化研究、国际政治中的民族宗教问题研究。根据工程的要求，中心在实施上述课题时，把几届在读博士生组织到课题组中，在教师指导下参与课题的调查与研究，使课题实施与论文写作结合起来，于是形成一大批具有较高水准的博士学位论文。这些论文不仅丰富了中心的项目课题研究成果，也体现了中央民族大学宗教学专业在民族宗教学教学科研上的学科特色和优势。为了向社会展示这些博士学位论文的精彩内容，使之早日进入社会学术信息交流渠道，发挥它们促进社会和谐、推动学术文化繁荣的作用，中心决定设立"民族宗教学研究博士文库"，成立文库学术委员会和编辑委员会，按照一定的申报、送审、评定程序，把已经通过学位论文答辩并经过修订、达到出版水平的优秀博士学位论文纳入文库，并从"985 二期工程"经费中拨款给予资助。收入文库的部分博士学位论文写作于"985 二期工程"实施之前，而在内容上符合民族宗教学的研究方向，所以也被采用了。今后我们希望这一文库能继续做下去，扩大它的容量，凡属于民族宗教学方向的优秀博士学位论文，不论何校何地，均有机会进入文库，使文库成为这一领域青年博士学位论文精品汇聚的一个平台。

民族宗教学研究，其主轴是民族与宗教的互动关系，其主旨是"族教和谐，多元互补"。我们要通过研究，总结历史经验和教训，发扬民族宗教和谐的传统。我们认为，要实现民族团结、宗教和睦、民族与宗教的良性互动，关键在于确立和实践多元和谐、平等对话、共生共荣的现代文明原则，以便经过民族宗教之间的和解，达到世界的永久和平。这是民族宗教学的基本认知和宗旨所在。

青年是社会的希望，青年学者决定着学术的未来。我们从博士文库里看到了民族宗教学的光明前景。让我们热情地帮助他们，支持他们，使民族宗教学的研究事业后继有人，长盛不衰，以造福于社会和子孙后代。

中央民族大学"985 二期工程"当代重大民族宗教问题研究中心
"民族宗教学研究博士文库"学术委员会和编辑委员会
2009 年 3 月

目　录

绪 论

龚学增教授认为，佛教在传入中国后，在隋唐以前还只是"在中国"的佛教，隋唐则逐步转为"中国化"的佛教。即是说唐以前偏重翻译理解，而自隋唐开始对外来佛教加以融摄，用中国的义理加以创造，从而使佛教组织和体系具有佛、儒、道合流的趋势，并使之传入东亚，极大丰富了人类文化。[①] 这个观点不仅指明了隋唐时期之于中国佛教的转折性意义，同时也表明了佛教在这一时期完成了由"你"而"我"，又超越"你""我"的过程。隋朝兴衰于转瞬，佛教在中国发展的真正转折点在唐代，故笔者选择唐代作为本书研究的时代背景，去探索中国佛教生成过程的深层结构。

唐代彻底结束了魏晋南北朝时期的分裂状况，实现了政治上的"大一统"，由此进入中国古代的鼎盛阶段。政治上的强势统一，经济上的繁荣发展，必然会形成一种强大的、全民族的自信心，自信就意味着打开与接纳，意味着辐射与融合，辐射暗示着"以我为主"，融合暗含着创新的力量。佛教方面，这一时期的寺院经济迅速发展壮大，由中国本土高僧所创的佛教各宗派陆续形成，标志着佛教全盛时期的到来，佛教由"你"而"我"的转换开始形成。与此同时，道教由于特殊原因获得了李唐王朝的全面支持，同时其理论层面又不断受到来自佛教的深刻批判，由此激发了道教本身的理论创新，不久也发展繁盛，与佛教渐呈鼎立之势。

儒家文化在唐代的大部分时间里看似风平浪静，如一个大家族里的长老，表面迟暮却不怒自威，家族中的任何事情若没有经过他的过滤则无法实行。儒家文化发展到唐代早已成为古代中国的底色文化，儒家的种种理

[①] 龚学增：《党的十八大以来中国特色社会主义宗教理论的新发展》，《西北民族大学学报》（哲学社会科学版）2015 年第 5 期。

念无须宣扬即渗入民族血液,写入了唐人的基因,达到了百姓日用而不自知的程度。再看唐代的统治阶级,即李唐王朝,在各个阶段表面上亲道亲佛,但在根底处用的还是儒家的治国理念,道教与佛教只是各个阶段唐朝统治者的工具,他们通常"用"而不"迷"。唐代甚至出现了由统治者出面要求唐代僧人跪拜父母的政令。从现存的资料来看,在太宗之前还没有一个帝王试图来矫正佛教徒与父母的这种关系。① 虽然在盛唐之后,儒学通过与佛教的对话在学理上实现了一些突破,但笔者认为儒家真正成为底色文化,渗入唐人血液的更多是其伦理层面,即"忠"与"孝",纵向为"忠",横向为"孝",纵横交错牢牢结构着中国社会和中国文化,形成了中国文化独特的终极关怀。与此同时,又不断解构并重构着其他文化。"忠""孝"两件外衣,谁来了都要披一披。

德国学者卡尔·雅斯贝尔斯在其著名的"轴心时代"的新史学观念中认为,人类古代文明在经过了很长一段时间之后,在公元前500年前后的数百年内,在中国、印度、巴勒斯坦和希腊这些互不知晓的地区,不约而同地经历了"超越的突破",各大文明由文化的原始阶段一跃而发展为高级阶段,形成了各自特殊的传统文化。他把这一关键时期称为人类文明史上的"轴心时代"。在谈到中国的时候,他说:"在中国,孔子和老子非常活跃,中国所有的哲学流派,包括墨子、庄子、列子和诸子百家都出现了。"他认为直至近代"人类一直靠轴心时代所产生的思考和创造的一切而生存,每一次新的飞跃都回顾这一时期"。这里有两个关键词,一是"飞跃",二是"回顾"。"回顾"是"飞跃"的前提,一种新的文化模式的生成,离不开对源头的"回顾",唯有来自源头的"活水"才能将不同的文化糅合在一起,使得异乡文化由"他"而"我",是"他"而非"他"。

这种在"回顾"基础上的"飞跃"在唐代达到了高峰,为三教的进一步融合以及到宋代的佛道融合、三教合一做好了准备。唐代所具有的文化上的转折意义就在于此,尤其是完成了佛教由"他"而"我",即由"佛教在中国"向"中国佛教"的转换过程。本书是基于这样一个时代背景,

---

① 〔美〕斯坦利·威斯坦因:《唐代佛教》,张煜译,上海古籍出版社,2010,第15页。

在文化的大转折期，往往能对某种文化的形成有更清晰的审视。

一 本书研究对象及理论视角

（一）本书研究对象

唐代所发生的文化变革，尤其是佛教由"他"而"我"的这种转变，一定是通过一个窗口来展现出来，这个窗口不是别的，正是"人"，更为精确地说，是唐代的"僧人"。当然，把一个时代的某种文化变革全部归功于僧人群体，一定有失偏颇，这毕竟是一个历史合力的作用，非一人或一群体所能作为。笔者之所以选择唐代的僧人作为研究对象，其中有一个重要的原因，就是僧人在唐代社会中所处的关键位置。

若将唐代社会中的阶级做一个简单的划分，大概有三层，最高一层也就是唐代的至上统治者，即皇权的掌控者；第二层是帮助统治者治理国家的士大夫阶层；第三层则是底层平民百姓。这三个阶级依靠着儒家伦理而紧紧绑在一起即纵向直达统治者的"忠"和横向遍及每个阶级自身的"孝"。"忠"与"孝"其实是一体两面的伦理概念，"忠"也就是无血缘关系的"孝"，反过来说，"孝"也即是有血缘关系的"忠"。"忠君"与"孝亲"如一树两枝，共同结构着"十方上下"的中国社会，这里可简称为"三层关系两个伦理"，"三层关系"是砖瓦石，"两个伦理"是黏合剂。

首先，在这样一个社会结构里，唐代的僧人正好处于一个如同"十字路口"一样的位置，僧人的这种视角与位置，只有在佛教领域的发展变革中才能充分显现出有效性。首先，唐代僧人处于唐代三个阶级之间的"十字路口"。在僧传以及相关原典资料中不难看出，唐代的僧人大多出自这三个阶级，有生自帝王家而后出家的高僧，有来自士大夫阶级的高僧，从这一点来看，以唐代僧人为研究对象来审视唐代佛教的变革，是相对全面的。而且僧人本身是一个很特殊的群体，他们佛教徒的身份又相对打破了三个阶级对他们的束缚，使他们可以游走于三个阶级之间，而在世俗中三个阶级的身份想要互相跨越是很难实现的。所以唐代僧人是一个效率非常高的整体，一则能高效推动佛教向本体变革的方向转折；二则能将佛教向各个阶级推进，进而迅速坐实这一转折；三则能够一致对外，迅速反击来自教外各个阶级的攻势，形成了一道完美的防线。

其次，唐代僧人还处于文化与伦理之间的"十字路口"。唐代儒佛道三家之间的博弈与争论，表面上看是三家之间的你来我往，很是激烈，但从实质上来说，就是佛道两家尽量向儒家看齐的过程，从史料中不难看出，佛道两家的诸多争论看似是学理上的争论，实则是争夺儒佛道三家的"第二把交椅"。唐代独具特色的所谓"三教论议"，就是在朝廷的主持下进行的儒佛道三家就一些问题来辩论。朝廷来主持，就意味着儒家来主持。上文有述，儒家发展到唐代，虽然出现了理论上的枯竭，但其重要地位无人撼动，主要原因就是儒家伦理的根深蒂固。因此"三教论议"到了最后往往变成佛道两教在打嘴仗，这个由朝廷组织的"辩论会"发展到唐代后期也逐渐沦为唐代统治者的消遣工具，徒具形式。

儒佛道三家的博弈，本质是佛道两家在争宠，再剥开一层往里看，即从佛教的视角来看，就是佛教如何梳理自身同儒家伦理之间的关系。道教与儒家不存在根本利益上的分歧，这两家需要的是丰富自身的理论，而佛教本身的理论非常完满，佛教要做的就是处理好上述两层关系。这就是僧人所处的另一个"十字路口"的位置。

综上所述，佛教在唐代的转折这一重大的文化现象，一定要通过一个媒介来转换与显现，这个媒介就是唐代的僧人。处在两个"十字路口"位置的唐代僧人面临着对中国佛教最终的诠释与构建的问题，他们是佛教变革具体的展现者，佛教在僧人身上实现了由"你"而"我"，却又超越"你""我"的变化，这就是笔者选取唐代僧人作为本书研究对象的原因与意义。

（二）本书理论视角

同一个历史现象在不同的理论视角的审视下，往往会有不同的新发现。德国哲学家黑格尔曾有言：熟知与真知不同。也就是我们平时常常听到的名言，即"熟知非真知"，这句话归根结底就是不同理论视角对于同一现象的不同解读。"熟知"源于我们对于某一现象的认知形成了思维模式上的固定，这种倾向本是人类的天性，即避免将世界复杂化，尽量将万事万物贴上某种标签，赋予某种固定的意义，然后再将其分类处理，储存于人类的经验当中，然后便不再去重新探寻这一切。比如，当我们看到一个杯子，一般来说会马上联想到喝水，用杯子喝水的时候我们甚至是下意识进行，理所应当地认为杯子就是喝水用的，在这种情况下，我们其实是与这个叫杯子的事物没有了距离，通过喝水这件事拉近了我们与这个事物的距离。于是距离没了，杯子对我们来说变成了"熟知"，"真知"则被掩盖起来。其实反思便可知，我们是因为喝水这个视角，才称呼那个事物为"杯子"，反思使得距离被拉开，我们不难发现事物作为"杯子"的作用只是其千万种可能性之一。可能性的境域才是事物的本质所在，当把"熟知"之物拉开距离重新审视往往会有不同的发现，也会更容易接近"真知"。这并不是否定"熟知"，因为某种"熟知"是"真知"的实现方式之一，从这个角度来看，"熟知"又是"真知"。这好比透过三棱镜的阳光，呈现出七种颜色，每种颜色既是阳光本身，又非阳光本身。每种颜色都具有其本体地位，而非只有源头那个阳光才是唯一的真理。

美国哲学家怀特讲过这样一个故事：

　　很久以前，有一族群特别崇拜一个名叫"戈尔肖克"的东西。族群中的人们虽然谁也没有见过这个"神秘的力量"，但是无不坚信其存在。他们认为族人的祸福寿夭都取决于这个东西，可以说这个神秘之物是因为族人的坚信而存在。于是族群中一代代的智者都试图去诠释与接触"戈尔肖克"，希望能达到这个神秘之物，且关于此物的研究著述也渐成典籍。直到有一天，出现了一个直接质疑"戈尔肖克"本身是否存在的人。于是族人们惊讶地意识到，他们世代敬如神灵的如同常识一般的"戈尔肖克"本身，其存在与否就是一个问题，它也许并不存在，那些看似丰富的相关研究典籍也可能只是虚无而已。

通过这个故事以及上述的理论铺垫，笔者要说明本书研究的理论视角，即以海德格尔为理论开端并由伽达默尔深入研究并创立的"哲学诠释学"。海德格尔就是那个反问"熟知"的人，就是那个对"戈尔肖克"厌倦从而转向源头的人。他重新追问了西方哲学探讨了千年的"熟知"，即"存在"，批评了西方的形而上学传统，指责这个传统的失误就在于它把"存在"的问题遮蔽为"存在者"的问题。结果，存在反而被哲学遗忘。他历史性地区分了"存在"与"存在者"的不同，将"存在"正本清源，拉回时间的境域，认为存在就是时间性的存在，这一思想上的转变恰恰拉开了我们与我们平时所熟知的"存在"之间的距离，这一拉开反而又"拉近"了我们对"存在"的认识。"存在"就是"无"，其本身不可能被认识，存在是一种可能性的境域，通过落入时间而显现出来，如何"显现"便成为问题。于是海德格尔进而考察了所有的存在者，因为一切存在只是存在者的存在。他发现只有人这种存在者可以追问"存在"，他称之为"此在"（Dasein），即存在于此中显现。人将"存在"拉近并显现的方式就是"理解"，人是理解而存在，"存在"这时候又是通过人的理解来显现。"理解"的问题而后被伽达默尔专门拿出来并深入研究，哲学在此转向了诠释学研究，诠释学也上升为哲学诠释学。

海德格尔的哲学变革最直接的影响是导致了真理观的转变，那个曾经高高在上的在"他"意义上的客观真理落入凡尘，变成"理解"的真理，使得"理解"也具有了本体的意义。在诠释学中曾被奉为唯一真理的所谓"作者原意"或者"文本原意"，也由于这次真理观的转变而将真理的掌控权转交到了理解者手上，理解者对于作品的理解同样具有本体的价值，同样具有合法性。

伽达默尔认为理解的起点并不是要去竭力避免"偏见"，从而还原那个高高在上的真理。理解的起点恰恰就是那些所谓的"偏见"。海德格尔称之为理解前结构的"先有""先见""先知"①，这是每个人都无法超越的视野。"先有"，就是每个人必须要降生并存在于某一文化，历史与文化在我们意识到它们之前，已经先占有了我们，而不是我们去占有它们。这是理解发生的先决条件。"先见"，是指我们在思考与理解时所借助的语言、观念，以及运用语言的方式。在任何情况下，我们都不会在没有语

---

① 殷鼎：《理解的命运——解释学初论》，三联书店，1988，第26页。

言、观念的状态下去理解和思考问题。"先知"，是在我们开始理解和解释之前，必须要具有某种已知的知识储备，作为推知未知的起点或参照系。即使是一个错误的假定或前提，也是理解开始发生的必要条件。后来伽达默尔把海德格尔所谓理解的前结构发展成为"前理解"，"前理解"的来源就是人的历史性，即理解的历史性，即人无法跳出他当下的视域范围来审视一个对象。只有"前理解"的存在，理解才能成为可能。"前理解"至少包含着下列几个关系人存在的因素：语言、经验、记忆、动机、意向。任何理解只能在这些因素的基础上才可能发生。换言之，任何新的理解产生之前已经存在有一种理解，新的理解是由主体也处在某种已有的理解状态开始，才可能由此扩展开来，形成与先前的理解有所不同的理解。所以，理解永远不可能是一个全新的精神状态，也不可能从没有某种理解的状态产生出来。

那么，落实到唐代佛教中国化的研究也是如此。"佛教中国化"这个提法本身就暗藏了一个真理的标准，即佛教似乎存在着一个"标准"的佛教，潜在的含义是只有在印度的佛教才是最为标准的佛教，是唯一的真理，印度佛教就像一个标尺一样静静地处在历史当中。这就牵涉出一系列问题，其一是中国佛教的合法性，进一步说就是佛教在传入中国后所经历的种种发展和变化，是否已经偏离了佛教的初衷，是否已经不是佛教？其二，在笔者对唐代僧人的研究中发现，唐代僧人在理解佛教时总是跨不过儒家文化，甚至有的僧人在出家之后还要专门去学习儒家文化，这些现象是为什么，僧人为什么不去直接体味原汁原味的印度佛教，是他们不愿意还是根本就不可能？哲学诠释学的相关理论恰恰能解决这个问题，儒学是唐代僧人的存在方式，是他们历史性的体现。他们无法超越自身的存在方式去理解佛教，因此必须要用作为"前理解"的儒家文化才能去理解佛教，因此佛教必然要经过僧人的"前理解"才能显形。否则，佛教便只能枯萎在那个遥远古印度的某个时期，从而丧失生命力，力图去还原印度佛教，实际上恰恰是在抹杀它的生命力。从这个意义上讲，中国佛教就有了真理般的本体地位与合法身份。但是，单讲"前理解"必然会造成真理的相对性与主观性，这并不是伽达默尔"理解的真理"的真正内涵，也同样违背了佛教的发展规律，单强调"前理解"对真理的决定性，会导致佛教变成"四不像"的宗教。

"前理解"源于唐代僧人的历史性，佛教由印度诞生同样具有它当时的历史性，即"出世性"，这一原始视域也是佛教的内核所在。唐代僧人与佛教均有其历史视域，佛教并不是远远的处于历史当中的那个"客观真理"，它自身也是在时间中的不断展开，印度佛教只是其历史性显现的一种样式，唐代中国佛教的形成同样是佛教展开到唐代，染上唐代僧人历史性的另外一种显现方式，是印度佛教视域与唐代僧人视域融合的结果。哲学诠释学认为真理其实是动态的"视域融合的真理"，那么佛教也即是"视域融合的佛教"，唐代中国佛教就是佛教在这个历史节点上的真理样式。两种视域的融合，其实就是唐代僧人在回答佛教的历史提问，即如何以入世的中国文化语境来表达佛教的出世性，并且不丢掉佛教的出世性内核。问题回答完成，唐代中国佛教便随之形成。这是本书所要研究的具体问题，哲学诠释学方法的应用，意义便在此。

二　相关研究动态及文献综述

（一）诠释学与中国佛教研究

本书意在以哲学诠释学的视角，通过研究僧人传记进一步考察佛教中国化现象的深层结构。用这一视角研究中国佛教的相关研究很少，可供借鉴的经验也少。诠释学应用于佛教研究主要有三种方式，即将西方诠释学理论直接用于佛教研究、致力于中西结合来建立中国佛教诠释学体系研究，以及专注于中国佛教自身的诠释特点研究。

班班多杰教授将哲学诠释学引入佛教中国化的宏观研究。在《中国佛教的时代特色与发展方向：用诠释学视角聚焦中国佛教的昨天、今天和明天》① 中，他首创性地提出佛教中国化过程中的佛教汉地化与佛教的藏地化都经历了由"方法论诠释学"向"本体论诠释学"的转变，即佛教由

---

① 　班班多杰：《中国佛教的时代特色与发展方向：用诠释学视角聚焦中国佛教的昨天、今天和明天》，《中国民族报》，2015 年 5 月 19 日。

"他"而"我"的转变，认为佛教在两地都经历了本土文化的"前理解"对于印度佛教经典文本的解读与诠释阶段，经过两者长期的诠释学循环性的互动，最终使得两地的佛教都获得了自主性与本体化的地位。在此基础上，班班多杰教授还展望了佛教研究的未来，认为我们既要研究好"中国佛教"，又要研究好"在中国的印度佛教"，在这个意义上，班班多杰教授又折中了"方法论诠释学"与"本体论诠释学"。最后他还对佛教研究提出了殷切期望，希望通过中国学界和教界各方面人士的努力，来再现和重构一个中国佛教的本体论版本。笔者的博士学位论文研究受其启发并得到了班班多杰教授的指导，试图在他的研究基础上"接着说"，通过对唐代僧人"前理解"的详细研究，深入佛教汉地化这一现象的内在结构，展现出佛教在唐代是如何完成由"他"而"我"的本体性转变。

美国学者唐纳德·罗佩兹（Donald S. Lopez Jr.）所编写的《佛教解释学》[①]，是一本美国学者研究佛教解释学的论文集。于 2009 年方才出版中译本，比原著晚了 20 年，这迟来的 20 年一则说明美国学者对佛教解释学的研究起步早，成果丰富；二则说明中国学术界对佛教解释学这一领域关注得较晚。论文集反映出美国对佛教解释学的研究传统，他们当时的研究更倾向于使用以旨在还原作者愿意与文本原义为特点的方法论诠释学，以此为方法论基础解决佛教教义内的矛盾。比如对于佛陀"开悟"境界的研究，也就是说佛陀开悟的内容到底是什么，对这一问题的研究有助于解决中国佛教各种判教系统之间存在的矛盾。从他们当时研究的问题可以看出，其研究方式就是以严谨的推理与将复杂矛盾"还原"为简单问题的方式来解决汉传佛教教义中所存在的问题。

台湾学者林镇国的《当代欧美佛学研究方法之省察》[②]中，则提到了伽达默尔哲学诠释学的引入对佛教研究的影响。从西方汉传佛教学者对哲学诠释学方法理论的借鉴，笔者认为有两点意义：首先，让我们注意到了"视域融合"之后所形成的新视域所具有的本体论意义；其次，则是意识到了"前理解"的重要性。比如在研究某位佛教学者的思想体系时，可以

① 〔美〕唐纳德·罗佩兹主编《佛教解释学》，周广荣等译，上海古籍出版社，2009。
② 林镇国：《当代欧美佛学研究方法之省察》，《佛学研究》1998 年第 00 期。

更加清晰地看出哪些是他自己的见解,哪些是对前人的继承。

上述研究进路,在汉语学术界里比较有代表性的是朱丽霞的《从诠释学角度看宗喀巴佛学体系的建立》①,作者主要运用伽达默尔的本体论诠释学来精确梳理宗喀巴大师的佛学思想体系。宗喀巴大师的佛学思想实际上与前人的思想密不可分。因此作者认为研究宗喀巴的佛学思想,就必须剥离他自己的观点,以便对大师的佛学思想体系进行全面定位。文章揭示了宗喀巴大师在前人见解的基础上进行的再诠释,理清了宗喀巴佛学思想中的"己意"与"他意",尤其是其与月称佛学思想的关系。朱丽霞的研究就是沿着西方学者的研究进路来"揭显"宗喀巴大师佛教诠释体系中的"前理解"与"前见",从而对大师的佛学体系达到更为精确与清晰的理解。

吴学国的《中国佛教诠释传统》②则是运用了伽达默尔本体论诠释学中的"视域融合"与诠释的"距离意识"等理论,审视了佛教中国化发展的宏观历程。他认为佛教初传中土,僧人在译经时试图将佛教"原汁原味"地落入中土,并未考虑到中国文化这一方的"视域"。到了三国时期,译经者渐渐意识到了"诠释距离",此时也开始了佛教与中国文化之间视域融合的互动,比如当时康僧会的"佛教仁道"说。作者认为后来的鸠摩罗什法师的译经特点过于注重中国文化这一方的"视域",相较而言则有些忽略佛教源头的"视域"。时至唐代的玄奘法师,其译经的特点是主张还原原汁原味的印度佛教理论,事实证明他的方式并不适合佛教在中国的传播与普及。最终在禅宗那里形成了一种对于上述翻译模式的否定之否定,即完成了以汉地传统来"述说"佛教的任务,达到了真正的"视域融合",也就是用中国文化"说出"了佛教。

程恭让教授的论文《在"佛教化"与"中国化"的思想张力之间——关于中国佛教思想史的一种理解方式》③将近现代佛教学者关于中

---

① 朱丽霞:《从诠释学角度看宗喀巴佛学体系的建立》,《西藏民族学院学报》(哲学社会科学版)2005年第3期。
② 吴学国:《中国佛教诠释传统》,《学术月刊》2001年第6期。
③ 程恭让:《在"佛教化"与"中国化"的思想张力之间——关于中国佛教思想史的一种理解方式》,《中国哲学史》2000年第3期。

国佛教思想史的理解概括为三个类型，并进行了反思。首先是欧阳竟无的范式，他认为只有印度佛教才是具有合法性的、原汁原味的佛教，并通过指出中国佛教的乱象进而否定中国佛教的合理性。其次是陈寅恪的范式，他则以一种"以我为主"的视角来看待佛教中国化过程。他认为佛教中国化过程的唯一目的与结果就是促成了"新儒家"的思想模式。最后是牟宗三先生的思想，他认为无论是印度佛教还是中国佛教，归根结底只是一个佛教，其区别只是以不同的语境而述说出同一个实质。牟宗三先生的看法其实已经表达出了哲学诠释学"视域融合"的主要观点，而且其在《中国哲学十九讲》中也明确表达了对"佛教中国化"这种提法的反对，因为佛教在中国并没有产生质变。程恭让教授还在总结前人范式的基础上认为佛教不断陷入又不断解脱中国文化的过程，催生出了"佛教化"与"中国化"两个研究向度，整个中国佛教史就是二者相反相成的过程。

李晓婧和杨维中的《从诠释学方法看儒、道对佛教心性思想的影响》[1]，直接运用伽达默尔哲学诠释学的"前理解""视域融合""效果历史"等概念，对隋唐时期中国佛教"心性论"的合法性进行了本体论诠释学的论证。作者认为中国人无法走出以儒道为主的中国传统文化所形成的"视域"，中国人唯有以此视域为工具来理解佛教教义，双方的视域融合形成了中国佛教以"真常心"为特征的心性本体论，而且这同样具有佛教的合法性地位。张云江《论现代性语境下的佛教经典诠释》[2]一文指出中国本身所具有的佛教诠释传统在近代则让位于西方的科学研究方法，这实际上遮蔽了中国佛教自身的诠释特点，掩盖了佛教自身所具有的独特的理解方式。作者的立意在于引起当今中国佛教学者对于西方研究方法引发弊端的反思。

赖贤宗教授有专著《佛教诠释学》，这也是华语学术界明确以"佛教诠释学"来命名并以此来建立学术体系的首部专著。赖贤宗教授的研究进路是试图将海德格尔与伽达默尔的本体论诠释学与中国佛教本有的诠释传

① 李晓婧、杨维中：《从诠释学方法看儒、道对佛教心性思想的影响》，《徐州工程学院学报》2007年第1期。
② 张云江：《论现代性语境下的佛教经典诠释》，《法音》2009年第3期。

统相结合，在中国哲学史的视域中来创建中国佛教的诠释学体系。他反思了当代“还原”原始佛教的学术倾向，认为这是对佛教整体的一种片面取舍，是对其他佛教体系合法性身份的漠视。他认为视域融合之后对于文化的再创造，才是应该有的文化发展路径。在这方面他肯定了天台佛学以中国传统文化的视域对印度佛教“如来藏”思想所进行的再诠释，他认为这可能反而使得以前引而未发的佛陀本怀得以进一步显现。① 循着这个思路赖贤宗教授又讨论了净土宗、人间佛教以及佛教与基督教的对话等学术问题。另外，赖贤宗教授的论文《“四句”说无生与天台佛教的解脱诠释学》② 也秉承了其一贯的研究进路，将中国佛教学者对于印度佛教的判教方法与西方的诠释学进行会通，试图构建普遍意义上的佛教诠释学。

高新民、熊桂玉所作《理解与解脱——佛教解释学之我见》③ 旨在重新挖掘中国佛教本身的解释学传统，并且在研究中加入了心理学的视角。认为对佛经的诠释要着眼于在解释可言说层面的同时又揭示不可言说的层面，前者是其他宗派的诠释特点，后者则是禅宗的诠释特点，两者的结合是佛教诠释学独有的特点。另外高新民教授还有《智者的佛教解释学及其对佛教解释的清原正本》④，也是秉承了上文的研究思路，详细研究了智者大师对于佛教的诠释。高教授认为衡量佛教论著的客观标准是存在的，那就是诸法实相的最高境界，解释学与解脱学相结合才是中国佛教诠释学该有的特色。王萌的《“真谛”与“俗谛”的现代会通——印顺的理性佛教观及其诠释学意义》⑤ 一文则研究了印顺法师将现代科学的研究方法引入对于佛教的诠释，论述了印顺法师对于佛教现代化所做出的思考与探索。

---

① 赖贤宗：《佛教诠释学》，北京大学出版社，2009，第 36 页。
② 赖贤宗：《“四句”说无生与天台佛教的解脱诠释学》，《苏州大学学报》（哲学社会科学版）2012 年第 4 期。
③ 高新民、熊桂玉：《理解与解脱——佛教解释学之我见》，《哲学动态》2013 年第 11 期。
④ 高新民：《智者的佛教解释学及其对佛教解释的清原正本》，《常州大学学报》（社会科学版）2012 年第 2 期。
⑤ 王萌：《“真谛”与“俗谛”的现代会通——印顺的理性佛教观及其诠释学意义》，《中南民族大学学报》（人文社会科学版）2009 年第 2 期。

（二）唐代佛教与僧人研究

关于唐代佛教的研究可谓汗牛充栋，遍及了唐代佛教的方方面面，非常详尽，这也得益于唐代本身原典史料的丰富与完整。在这里尽量列举与本书相关的、有代表性的研究进行阐述，由于能力和视野的局限，有不足之处，笔者将在后续的研究中补充。本书关于唐代佛教的研究角度主要立足于唐代佛教中国化进程，以及在此过程中僧人以儒家文化前理解为视域对佛教的理解与诠释，笔者将围绕着这个立足点来列举相关研究动态。

美国学者斯坦利·威斯坦因通过对大量的史料以及世界范围内相关学者对于唐代佛教的研究，完成了他的著作《唐代佛教》[①]，该书详细研究了唐代每一位统治者与佛教之间的政策性与理论性的互动、统治者与僧道之间的互动，以及这些互动的内在原因。比如书中提到唐代首次由统治者命令僧人跪拜父母，虽然最终由于僧人的抵抗而不了了之，但是其影响则非常深远，这无疑也是唐代僧人"前理解"的研究范围。与斯坦利·威斯坦因研究相似的还有日本学者砺波护所著的《隋唐佛教文化》[②]，他的研究同样注重从国家和制度的角度去把握唐代佛教，比如在第二章《唐初的佛教、道教与国家——法琳事迹考》中，通过唐代佛教著名的"法琳事件"，以小见大分析了唐代佛道两教同国家政治之间的关系；第四章《唐代贯彻僧尼拜君亲政策始末》中，砺波护则将斯坦利·威斯坦因在《唐代佛教》中所提到的唐代首次命令僧人拜父母的这个政策当作一个专题来研究，考察了僧侣对父母和君王从不拜到下拜的历史变迁，作者认为这看似是一个礼仪乃至习俗的问题，实则事关重大。尤其是到了唐后期，僧侣对拜父母君王已经很少争论，这也代表着唐代"视域融合"的中国佛教已基本形成。另外，突出佛教与唐代政治互动的研究还有谢山的博士学位论文《唐代佛教兴衰研究——以佛教发展与政治社会关系为视角》[③]，谢山博士的研究通过深入分析唐代中国的政治与社会形势从而弥补了海外学人精于学术

---

① 〔美〕斯坦利·威斯坦因：《唐代佛教》，张煜译，上海古籍出版社，2015。
② 〔日〕砺波护：《隋唐佛教文化》，韩昇译，上海古籍出版社，2004。
③ 谢山：《唐代佛教兴衰研究——以佛教发展与政治社会关系为视角》，河南大学博士学位论文，2014。

却缺乏对中国社会深入了解的不足，梳理了佛教传入中国后与政权之间的关系并着重立足唐代，宏观分析了唐代历任统治者与佛教之间的复杂关系，并细化深入分析了佛教各宗派与统治者之间的关系，而且将研究深入社会的方方面面，对文人士大夫与佛教、军人阶层与佛教的关系都做了详尽研究。

国内学者有代表性的研究有汤用彤先生的《隋唐佛教史稿》①，汤用彤先生运用西方学术方法对隋唐佛教进行了梳理。他着重研究了隋唐佛教与政治之间的关系、隋唐佛教兴衰的原因、考证了宗派佛教的理论源头，以及中国佛教的再传播等方面，涵盖了跨文化传播所要经历的本土化过程的方方面面。郭朋所著《中国佛教思想史》②，其中第二卷叙述了隋唐佛教思想，主要涉及佛教与政治的互动及宗派佛教的思想特征等，其研究的特色在于突出以马克思主义相关原理来审视中国佛教的发展。比如他认为华严宗的"法界缘起"说是客观唯心论的世界观；唐武宗灭佛则属于统治阶级内部的矛盾和斗争，其结果实则对人民有利，直接解放了寺院奴隶。潘桂明先生的《中国佛教思想史稿》③，第二卷涉及隋唐，其中淡化了佛教与政治的互动部分，这方面篇幅不多。研究重点放在了宗派佛教的思想源头、与统治者的关系、与儒道文化的互渗、历代学者的研究、宗派中每一个代表人物的思想沿革以及用宏观视角审视某宗派在唐代的发展等，研究之细，考据之繁，堪称唐代佛教的百科全书，其研究主要侧重于唐代佛教各宗派的思想体系。方立天先生《隋唐佛教》④ 则从整体上彰显了隋唐时期宗教的人文思想特点，突出宗教的"人文"特色，这也是方立天先生的研究特点。该书主要针对两个问题进行研究，其一是围绕华严宗实际创始人法藏的相关研究；其二则详细阐释了禅宗的核心思想。

洪修平教授的论文集《中国佛教与儒道思想》⑤，其研究特点倾向于展现中国化佛教所独具的特色，以及对三教关系的梳理，突出了佛教进入中

---

① 汤用彤：《隋唐佛教史稿》，江苏教育出版社，2007。
② 郭朋：《中国佛教思想史》，社会科学文献出版社，2012。
③ 潘桂明：《中国佛教思想史稿》，江苏人民出版社，2009。
④ 方立天：《隋唐佛教》，中国人民大学出版社，2006。
⑤ 洪修平：《中国佛教与儒道思想》，宗教文化出版社，2004。

国之后在思想上、伦理上所表现出的中国化特色。在《论汉地佛教的方术灵神化、儒学化与老庄玄学化——从思想理论的层面看佛教的中国化》中，他详细梳理了不同历史阶段佛教与中国文化相融合所表现出的不同特点。《儒释道三教关系与中国佛教的发展》则强调了隋唐时期三教融合的特征及内在机制，他认为各个宗派其实都是佛教思想家在调和佛教与儒道之间的思想的基础上所创，并且着重论述了佛教对儒家伦理的吸收与融合，比如具有中国文化特色的所谓"孝僧"便是在这一历史背景下出现。在《略论隋唐佛教文化的繁荣》一文中，洪修平认为佛教中国化的过程是中国文化"以我为主"地对佛教所进行的"主动性"的吸收，中国文化自身独立性的保证则是这一过程的"前提条件"。蔺熙民的博士学位论文《隋唐时期儒释道的冲突与融合》① 详细研究了这一时期三教冲突与融合的细节、转折点与总的脉络，将三教关系分为以时间为界限分为政治化、理论化与社会化三个阶段，并对每个阶段以统治者为标准进行详细研究。

　　除了上述关于隋唐佛教的宏观研究、本土化过程研究，以及宗派研究，对唐代僧人的研究也有不少，这部分内容与本书研究关系密切。美国佛教学者克什尼（John Kieschnick）的《高僧：中古中国圣传里的佛教理想》②，将这一时期的僧人作为一个整体来审视，以宏观整体视角来研究僧人的生活，而非将其分宗分派对待，这亦是本书的研究特点之一。陈瑾渊的博士学位论文《〈续高僧传〉研究》③ 针对国内外对《续高僧传》研究的不足，对《续高僧传》的背景、版本、作者的取材范围等做了分析，同时也对其中的《义解篇》和《遗身篇》做了专题研究。吴智勇的博士学位论文《六到七世纪僧人与政治》④ 则论述了唐代有代表性的僧人与政治之间的关系，比如作者认为玄奘法师所著《赤雀表》暗示了他想建立人间弥勒净土的政治理想，与武则天立国的所谓"佛王信仰"一脉相承。李艳在

---

① 蔺熙民：《隋唐时期儒释道的冲突与融合》，陕西师范大学博士学位论文，2009。
② John Kieschnick: *The Eminent Monk: Buddhist Ideals in Medieval Chinese Hagiography*, Honolulu: University of Hawaii Press, 1997.
③ 陈瑾渊：《〈续高僧传〉研究》，复旦大学博士学位论文，2012。
④ 吴智勇：《六到七世纪僧人与政治》，复旦大学博士学位论文，2013。

博士学位论文《唐代佛教史籍研究》① 中，梳理了唐代佛教孝亲观的发展；认为唐代佛教学者对孝亲观的阐释主要有三方面，即出家是孝、孝即戒律、佛教是大孝，并以僧人举例论述之。鲁统彦的博士学位论文《隋唐时期僧尼角色研究》②，用社会学"角色"理论研究了隋唐僧尼在"角色"上的冲突和矛盾，涉及唐代僧尼的伦理化与世俗化现象，并对唐代僧人宣扬孝亲思想以及亲身践行"出家有家"的修行与生活方式、僧尼的涉儒丧俗、还俗入世科举等现象都做了详尽深入的研究。于志刚的硕士学位论文《唐代的僧人、寺院与社会生活——以〈太平广记〉为中心》③ 则以《太平广记》的描述视角来研究唐代僧人，也提到了唐代僧人与世俗家庭之间的所谓"出家不忘家"的关系，僧人出家之后仍然时时挂念家庭，以尽孝道，同时世俗家庭方面也不断关心家中出家的亲人。黄清发的《唐代僧尼的出家方式与世俗化倾向》④ 中也提到了上述"出家而不忘家"的现象以及用世俗葬法入葬僧人的风俗。王雪艳的《唐人小说中的僧人书写研究》⑤ 则从唐代小说中的僧人形象出发，同样总结出了唐代僧人注重家庭伦理以及与士大夫交往密切的特点。

敦煌佛教研究专家李正宇教授有敦煌世俗佛教系列研究，在《晚唐至宋敦煌听许僧人娶妻生子》中，作者研究了在敦煌佛教中所特有的现象，即僧人可以有家室子女，且得到官方与社会的许可，成了一种很自然的社会现象。作者称之为"敦煌世俗佛教"，可作为一个单独的佛教体系进行探讨。潘春辉《唐宋敦煌僧人违戒原因述论》⑥ 中则明确提出了上述现象是受到了禅宗中所具有的儒家"重人"思想的影响，禅宗成佛不离世间的观念对敦煌僧人的行为模式产生了很大的影响。李正宇教授另一篇《8到

① 李艳：《唐代佛教史籍研究》，兰州大学博士学位论文，2011。
② 鲁统彦：《隋唐时期僧尼角色研究》，首都师范大学博士学位论文，2005。
③ 于志刚：《唐代的僧人、寺院与社会生活——以〈太平广记〉为中心》，郑州大学硕士学位论文，2013。
④ 黄清发：《唐代僧尼的出家方式与世俗化倾向》，《南通师范学院学报》（哲学社会科学版）2002 年第 1 期。
⑤ 王雪艳：《唐人小说中的僧人书写研究》，西北大学硕士学位论文，2015。
⑥ 潘春辉：《唐宋敦煌僧人违戒原因述论》，《西北师大学报》（社会科学版）2005 年第 5 期。

11 世纪敦煌僧人从政从军》①中，作者对僧人出任军政官员、僧官兼任俗官且自称"释吏"以及僧人的从军现象进行了考证。他认为政府将僧人与一般民众同等视之，是这一现象的主要原因。另外《晚唐至北宋敦煌僧尼普听饮酒》②则从敦煌僧人酒戒松弛且得到官方默许这一社会现象来揭示敦煌佛教世俗化的表现。陈双印、张郁萍《晚唐五代敦煌僧人在中西经济活动中的作用》③，论述了当时僧人经商的现象。

董立功在《唐代僧人获赐紫衣考》④中梳理了唐代自武则天以来向僧人赐予"紫衣"官服的褒奖政策，而僧人也愿意接受这样的奖励，表现出唐代僧人积极入世的情结。查明昊、司立芳在《唐代僧人与科举》⑤一文中研究了失意文人出家与出家僧人还俗投入科举的现象，以及唐代僧人因其学术资源与人脉关系而对科举考试所产生的直接影响。黄荣煌在《唐代科举考试中的僧人》⑥中，从《全唐诗》中描写僧人与科举的诗篇入手，总结了唐代僧人与科举的三种关系，即还俗应举、干预科举与帮助举子看行卷，并分析了僧人与举子发生关系的原因。刘宝才教授在《唐代思想家与佛教僧人交往的原因——读刘禹锡送僧诗》⑦一文中则以刘禹锡个案研究的方式以小见大，总结出二者交往的三个原因，即理论互通、精神寄托、对诗僧的选择。王栋梁、纪倩倩《论唐代士僧交游的政治动因》⑧则换了视角，看到了二者交往背后的政治利益原因，僧人借士大夫而扬名，士大夫则通过僧人而在仕途上进步，二者形成了互惠互利的利益网络。郭绍林先生的《唐代士大夫与佛教》⑨是一部研究唐代僧人与士大夫关系的

① 李正宇：《8 到 11 世纪敦煌僧人从政从军》，《敦煌学辑刊》2007 年第 4 期。
② 李正宇：《晚唐至北宋敦煌僧尼普听饮酒》，《敦煌研究》2005 年第 3 期。
③ 陈双印、张郁萍：《晚唐五代敦煌僧人在中西经济活动中的作用》，《敦煌学辑刊》2015 年第 4 期。
④ 董立功：《唐代僧人获赐紫衣考》，《世界宗教研究》2013 年第 6 期。
⑤ 查明昊、司立芳：《唐代僧人与科举》，《西南交通大学学报》（社会科学版）2005 年第 5 期。
⑥ 黄荣煌：《唐代科举考试中的僧人》，《柳州师专学报》2010 年第 2 期。
⑦ 刘宝才：《唐代思想家与佛教僧人交往的原因——读刘禹锡送僧诗》，《西安联合大学学报》2001 年第 3 期。
⑧ 王栋梁、纪倩倩：《论唐代士僧交游的政治动因》，《甘肃社会科学》2009 年第 2 期。
⑨ 郭绍林：《唐代士大夫与佛教》，三秦出版社，2006。

全面且深入的专著，书中指出唐代僧人异于前代僧人具有积极入世的特征，并且研究了僧人与士大夫关系的方方面面，比如二者之间相互选择的标准，士大夫落第、读书、隐居以及避难等行为与僧人之间的关系，僧人干预科举的行为等，涵盖了僧人与士大夫交往的方方面面。《唐代的僧人、寺院与社会生活——以〈太平广记〉为中心》一文则进一步阐述了僧人对士人的政治帮助，以及士人与僧人互为门徒的现象，并且还提到了僧人对于士人命运的神秘"预知"作用。

三　本书主要内容

全书分为四章，绪论叙述本书的选题意义，主要从三个方面来阐释。其一是以唐代作为本书研究时代背景的意义。唐代兼具佛教中国化的过渡期与形成期，从中国佛教的形成来看，唐代可以说是一个分水岭，唐代之后，中国佛教便开始具有了"本体"性的稳定形态。唐代本身史料丰富且翔实，可以深入探究佛教中国化的内在结构。其二是以僧人作为研究对象的意义。任何文化或者说文化之间的交流都是以人为媒介才得以融合，从这个角度来看，唐代僧人可以说是唐代中国佛教的主要塑造者，或者说中国佛教的形态本身是通过僧人而显现出来。其三是选取了伽达默尔哲学诠释学为本书的理论基础。佛教如何通过唐代僧人而显现成中国佛教的形态，便可引入哲学诠释学来分析，这样也有利于深入佛教中国化的现象背后。绪论第二部是对相关研究动态的回顾，主要包括将诠释学引入佛教研究的相关学术成果，以及唐代佛教与唐代僧人的相关研究。第三部分则主要叙述本书的主要内容，便于读者快速从整体把握本书的主旨。

正文第一章详细论述本书所运用的理论基础，即哲学诠释学的相关理论。这一章旨在通过分析伽达默尔哲学诠释学的相关理论，说明非科学真理要通过诠释者"前理解"的塑造才能得以显现，并且进一步经过"视域融合"而成型，进而说明非科学的真理应该是"理解的真理"，是动态的可生成的具有创造性的"多维真理"。因而"理解的真理"在此意义上也有了本体地位与合法身份。

正文的第二章则是基于《续高僧传》《宋高僧传》《唐代墓志汇编》，

以及《唐代墓志汇编续集》等史料对唐代僧人以儒家文化为核心的中国文化"前理解"进行详细的研究。我们在理解一个对象时无法超越自身的历史性而直接达到它,必须以自身的"前理解"为视域去审视需要被理解的对象,"前理解"是理解过程的起点,是理解活动中所无法跨越的。对于唐代中国僧人来说,他们的历史性就在于他们在先的被以儒家文化为主导的中国文化所构成,这也形成了他们的"前理解"。他们在理解自己同周围一切的关系时,都是以这个"前理解"为工具去理解。虽然佛教传入中国直至唐代已经历经数代,但在唐代之前只是"佛教在中国",还没有到唐代之后"中国佛教"的程度,因此佛教在唐代还远没有到足以撼动中国人"前理解"的程度。从对史料的研究可以发现,唐代僧人以儒家文化"前理解"为基础视域,去看待自己与世俗的关系以及自己同佛教的种种关系。本章分为四节,第一节主要论述僧人与儒家文化的种种关系,包括家世儒宗、儒生出家以及出家后补习儒家文化这三种主要现象;第二节详细论述唐代僧人的"孝"的前理解,主要分析僧人以此视域来审视自己同亲人之间的关系,进而审视佛门中的师徒关系等现象;第三节主要分析了唐代僧人以"忠"的视域来审视自己与国家、与佛教之间的关系,以及与此相关的种种现象;第四节主要论述了唐代僧人以"仁""大丈夫"等儒家修养境界的视域来审视佛教的修行境界,以及与此相关的现象。

第三章是本书的理论升华部分,本章以第一节为方法论基础,以第二节为史料基础,以理论提升的方式解答了本书探索的两个问题。其一,由印度传来的佛教文化为什么不能"原汁原味"的落地中国,为什么一定要经历佛教中国化的过程?简言之,即"佛教中国化的必然性问题"。其二,既然佛教中国化的过程不可避免,那么与印度佛教相异的"中国佛教的合法性问题"如何看待?本章前两节分别论述与解答这两个问题。第一节分析了唐代佛儒之间的"对话辩证法",唐代僧人便是对话的载体。他们以儒家文化前理解来审视佛教,在无意识中解答了佛教对以儒家为主导的中国文化所提出的问题,即"以出世为核心特征的佛教,如何以中国入世型的儒家文化'前理解'来表达"。也就是说,如何用儒家入世的形式诠释出世的佛教,同时还不丢掉佛教出世的核心特征,对于这个问题的回答就是"视域融合真理"的形成，就是"视域融合中国佛教"的生成。儒家文化以入世为核心但同时也具备了出世的维度，佛教则以出世为核心但亦有入世的维度，于是二者有了"对话"的平台，视域融合便可以进行。第二节重新审视"佛教中国化"的提法，这一提法本身则隐含着将"佛教"等同于"印度佛教"的前提，这实际上是将佛教本身关闭在了印度佛教的概念中，于是中国佛教的合法性便成了问题。应该本着回到"佛教本身"的态度，将佛教视为一个整体，每种"视域融合"的佛教形态都是不同文化"前理解"对佛教的"说出"，是佛教向其自身全体展开过程中的一个个环节。

第一章　伽达默尔哲学诠释学概述

文化传播的媒介是"人"，任何文化都要通过"人"的表达方能落地发展。因此"佛教中国化"问题换个视角来看就是"中国人如何理解佛教"，进一步可以还原为哲学认识论的一个最基本的问题，即"理解如何可能"，也就是分析"理解"行为发生的条件与内在结构。通过对此问题的分析可以证明"中国化"过程本身的必然性，也就是说佛教在中国落地必然要经历"中国化"，且无其他选择。接下来就过渡到另一个问题，即"中国化"后的佛教还能否称其为佛教，也就是"中国佛教的合法性"，这一问题又可以还原为哲学本体论的基本问题，即"真理如何可能"，也就是对真理标准及其内部结构的分析。

本章作为本书的理论基础置于开篇，主要对伽达默尔哲学诠释学主客融合的真理观进行探讨并论述"理解问题"与"真理标准"的问题，这两个问题也将作为本书主线贯穿始终。与此同时，本章还对伽达默尔真理观进行了溯源，对真理观的发展进行了简要梳理，论述了"主客二分"与"主客融合"真理观各自的特点及其对科学与非科学领域研究的不同影响。

第一节　"前理解"为真理塑形

一　正见始于偏见

西方哲学的真理观在海德格尔之前有一个默认的前提，即在无常的世间万物背后存在着一个高高在上的、作为一切根据的真理，千年的西方哲学发展基本围绕着这个基调，想方设法试图达到这个真理，认识这个真理。哲学领域的这个基调也影响了相应时期诠释学的目标，那就是去还原或者说达到文本创作的作者原意或者是文本自身本有的意义。当然除了这个原因，也与诠释学的起源有关，诠释学在历史发展中大概有两个源头，即神学与历史语言学，也就是《圣经》解释和希腊罗马古典著作解释这两个评注传统。① 诠释学的历史起源就是以诠释作为一种方法而存在的，即诠释学是通往独断论真理的一个桥梁。《圣经》中所暗含着的上帝的意蕴是诠释学要达到的目的，上帝本身的意蕴是不会错的，是铁律，在当时只有教会能以独断论的方式来解释上帝的意蕴，因此起初的诠释学便是作为一种"独断型的诠释学"② 而出现的，也就是说，原作或者说作者原意本身是清晰且固定的，不需要我们去考量其本身的真假。诠释学所要做的是去"证实"原意，而非去"发现"它。这种诠释模式的代表就是最初的神学诠释学与法学诠释学，牧师与法官所要做的工作就是让生活中的"特殊"去服从那个高高在上如铁律的"一般"。而后马丁·路德在宗教改革中提出了所谓"圣经自身解释自身"③ 的原则，也就是说《圣经》本身就有自明的意蕴在其中，任何人通过对《圣经》的研究都能达到这个意蕴，并非教会的垄断才是唯一。自此，《圣经》便从教会的束缚中解放出来，其意义在于《圣经》成为一个文本，可对其做文字学与语法学的研究，其中的意蕴由"独断"转向为"去发现"，这同时也意味着《圣经》变得不那么高高在上且脱离尘世了，渐渐将自身与其所置身的生活世界、历史世界联系起来。④

施莱尔马赫将诠释学彻底从《圣经》解脱出来并适用于一切文本研究，施莱尔马赫在继承前人以文字学与语法学对文本进行研究的诠释学原则的基础上，创新性地加入了"心理学"要素，旨在与作者本身的精神世界相联通，力图在达到文本意义的基础上进一步恢复作者的创作意图。施莱尔马赫的这种诠释学方法归根结底是一种预感行为，一种把自己置身于

---

① 张隆溪：《阐释学与跨文化研究》，三联书店，2014，第19页。
② 洪汉鼎：《诠释学——它的历史和当代发展》，人民出版社，2001，第16页。
③ 洪汉鼎：《诠释学——它的历史和当代发展》，人民出版社，2001，第38页。
④ 卢春红：《同时性与"你"——伽达默尔理解问题研究》，中国社会科学出版社，2014，第40页。

作者的整个创作中的活动。① 当然施莱尔马赫在这里有一个前提，即我们每个人都有一个普遍性的生命作为依据，因此人与人之间在精神上是相同的，是有一种共通感在其中的，因此作者的意图我们是有可能体会到的，进而恢复作者的创作意图。在此基础上，施莱尔马赫认为作者在创作时其意图是明晰的，但作品中意图之外的东西则是作者无意识释放出来的，作者本身体会不到，需要诠释者来将其点亮。也就是说，作者除了明白自己的创作意图，还有很多无意识的感情存在于作品当中，这需要诠释者来发现，在这个意义上，施莱尔马赫认为我们必须比作者理解其自身更好地理解作者，这就使得诠释学有了"创造"的意味。伽达默尔对这个理论创新非常重视，他认为其中包含了诠释学的全部问题②，也就是说，他表达出一种倾向，即作者并不是作品的唯一权威主宰者，并不是作品的特定解释者。但施莱尔马赫并没有将这个命题进行到底，他没有特别清楚地意识到之所以有可能比原作者更好的解释作品，原因恰恰在于人的历史性以及随之而来的理解的历史性，也就是"偏见"的必然性与合法性。施莱尔马赫认为"误解"，即"偏见"，具有普遍性，诠释学就是为了避免误解存在的学科。要想避免误解，就要把与过去、历史和原作者本身意图无关的东西全部去除，也就是去除属于现在和理解者本人的因素，因为这些因素都有碍纯客观的理解。③ 也就是说，施莱尔马赫认为对于文本的诠释唯一的要旨就是在于绝对地去还原作品当时所处的历史环境、作者的意图及心境等因素，将原作品复活于它所处的那个境域，一切与当下诠释者有关的因素都要力图排除。狄尔泰也同样认为要想理解一个处于以往历史当中的文本，就必须要放弃诠释者现在的一切观念，这样才能更好地进入作品与作者的原意，也就是要致力于把握原作的"客观精神"。④ 可见在伽达默尔之前的诠释学发展中，遵循着"唯一真理"的观念以及科学研究的方法，试图去抽象出一个绝对纯粹的"我"来投入原作，但这真的可能吗？伽达默

---

① 〔德〕伽达默尔：《诠释学 I：真理与方法》，洪汉鼎译，商务印书馆，2010，第 269 页。
② 〔德〕伽达默尔：《诠释学 I：真理与方法》，洪汉鼎译，商务印书馆，2010，第 276 页。
③ 张隆溪：《阐释学与跨文化研究》，三联书店，2014，第 14 页。
④ 严平：《走向解释学的真理：伽达默尔哲学述评》，东方出版社，1998，第 27～28 页。

尔在其哲学诠释学的探讨中继续深入研究这个问题,他开始为"偏见"正名,正视了之前诠释学中所忽略的"人的历史性"。

在认识的过程中要力求排除"偏见",也就是前述的诠释过程中所要力求排除的所谓"误解",这种认识方式是在文艺复兴运动中逐渐形成的,当时科学的研究方法渐渐兴盛,尤其是培根所认为的科学研究要排除的"四种假相"以及笛卡尔抽象出来的那个纯粹的"我思",这种"方法"意识的兴盛,扩展到了整个人文科学领域,认为"偏见"是十恶不赦的,是一定要排除的。因为"偏见"会使认识的精度产生偏差,但在伽达默尔看来,这种企图以理性来剔除偏见的方法,其实是以偏见来反对偏见。① 从笛卡尔开始,认识的结构变成了主体和客体之间的对立,主体要通过一个桥梁去达到客体,其中主体的"我思"是一个纯粹的、脱离了一切偏见的"我",于是形成了关于客体知识的尺度。这种对普遍理性的假设对于自然科学的发展也许是有意义的,因为自然科学的研究对象是相对客观的。这种方式可以将客体较为客观地推向一个远处的可以静观之处,进而对其进行详细的把握。但是如果把这种对于普遍理性的假设借鉴人文科学的研究,问题就出来了,人文科学的研究对象本身就是人的精神产物,人本身是处于历史当中的存在,人又怎么可能跃出历史性的局限去反思自身呢?既然人无法跳出自身历史性的限制,又怎么能剔除偏见进而静观客体呢,人本身就是由所谓的偏见构成,如果剔除偏见,人当下就会解体。比如人与人之间的相互理解,当我们自己需要去理解另一个人的感受时,我们是无法跳出自己去直接感受他人的,我们所能做的就是大家常说的所谓"换位思考",即只能把自己当作对方来感受对方的心情。想纯粹跳出自己去融入他人,这显然没有可能,想要理解他人,只有通过"换位思考",也就是从理解自己开始,这个不太精确的比喻就是伽达默尔要反思的问题,即理解如何可能。

既然理解必须从自我理解开始,而自我又必然是处于特定历史阶段中的自我,那么"偏见"便没有那么可恶,反而成为理解的必然开端。当然伽达默尔并没有完全否定笛卡尔主客二分的思路,因为自然科学的研究对

① 殷鼎:《理解的命运——解释学初论》,三联书店,1988,第22页。

象是几乎不变的，因此可以作为纯粹的客体来进行探索，比如研究大海，即使历时千年，大海的变化可以说也是微乎其微的，因此可以当作一个纯粹的客体进行研究，从这个意义上来说，笛卡尔的主客二分是有所裨益的。但是对于人文科学来说，其研究对象是文化传承，总是处于动态的变化当中，无法作为纯粹的客体来进行孤立的研究。因此人文科学的客观性经常遭到质疑，但是这种质疑显然是站在自然科学研究方法的立场之上的，因为人文科学的真理并不是客观纯粹的真理，是不同于自然科学的，其不同点就在于二者的真理性质不同，人文科学的真理是理解的真理，而理解必须从自然科学提倡的、所要克服的"偏见"开始。有了这样的思考，伽达默尔主动回到了古希腊哲学那里，他看到苏格拉底的对话辩证法恰恰就是从对方的偏见开始，逐步引导出真理，也就是苏格拉底所谓的"助产术"。伽达默尔从苏格拉底那里认识到，偏见恰恰是达到理解和一致的可能性的首要条件[1]，无法逃避，而且偏见并没有那么恐怖，反而对理解的进行有所帮助，从这个意义上来说，那些平时被认为是误解的"偏见"，实际上是意义新的生长点，是意义在新的情境中的实现[2]，更是通往正见的必经之路，或者说没有偏见也不可能有正见。如同佛教的所谓"烦恼即菩提"，烦恼本身与菩提并非对立的，烦恼本身就是菩提的必经之路，不能当作障碍来清除，而要当作道路去经过。"偏见"作为达到"正见"的道路，就是伽达默尔哲学诠释学的重要概念之一，即理解起点的"前理解"。

二 "前理解"之于真理的意义

海德格尔通过对"存在"与"存在者"的反思而改变了真理观，他认为西方哲学看似在讨论"存在"的问题，实际都是在分析"存在者"，这一过程恰恰遮蔽了对"存在"的探求，因为"存在"作为真理，一旦落入定义，就变成了"存在者"，一切对存在的定义反而都是囚禁存在的牢笼。纵观我们周围的世界，一切存在都只是存在者的存在，按照之

---

① 严平：《走向解释学的真理：伽达默尔哲学述评》，东方出版社，1998，第13页。
② 潘德荣：《诠释学：理解与误解》，《天津社会科学》2008年第1期。

前西方哲学的发展思路那样，从无常万物背后寻找一个固定的那个高高在上的最高根据，终究是虚无缥缈的。当你去寻找，必然会错过。既然一切存在都只是存在者的存在，那想要探求存在本身，就要考察存在者，在众多的存在者中，唯有"人"可以反思和追问存在，海德格尔因此称人为"此在"，这个形象的定义表示着"存在于此"，即存在因人而显现。人在这里成为一个窗口，如同三棱镜一般，阳光就相当于存在本身，通过三棱镜的折射而显现出不同的色彩，在不同的角度，就会看到不同的颜色。在这里海德格尔完成了真理观的本体论转向，从探求作为真理的存在，转向了研究"此在"，即研究人本身，也就是转向去探求人究竟是如何存在的。

海德格尔认为人的本质就是其本身的"被抛"状态，被抛入世界这个事实在一切概念之先，因此可作为人的本质。所谓追求真理，所谓主客二分这些概念都是在"被抛"状态之后才发生的，因此这些概念都是"头上安头"，是造作的真理，是不自然的本质，唯有人本身的"被抛"状态才是最为根本的。人首先被抛入一个整体的环境，从这个意义上讲，人是从属于被抛入的环境状态，再进一步来讲，被抛入的这个环境实际上"构成"了人本身，将这个环境剥离的话，人也随之解体。"被抛"的状态也是作为真理的"存在"开始展开的起点，展开的过程就是人的生存过程，人们平时开玩笑时总是提到，所谓的生活就是生下来之后继续活下去，这个"继续活下去"，笔者认为就接近于海德格尔所称的"生存"，真理通过人来展开，那么该如何展开呢？在展开过程中，人的"理解"就成了最基础的存在状态，人因为理解而将自己展开，这个过程也是真理的展开过程，也就是说，人是理解的去存在。海德格尔在这里将真理观做了一个本体论的转向，也就是"此在诠释学"[①]，被抛的状态赋予了理解以特殊的结构，即"理解的前结构"，也就是前有、前见与前把握[②]，前有就是人在生成自我意识与自我反思之前的被抛入的世界，这个世界是一个预先进入人的整体，并不是因为人的反思而形成这个整体世界，而是整体世界在先，

---

① 洪汉鼎：《伽达默尔的前理解学说（上）》，《河北学刊》2008 年第 1 期。
② 严平：《走向解释学的真理：伽达默尔哲学述评》，东方出版社，1998，第 125 页。

规定着并且"组成"一个人，有了这个预先的整体，人之为人才能开始去理解，也就是说，前有相当于理解的工具。前见就是预先给予我们的那个世界整体带给我们的固有看法，人总是以预先理解的整体为起点去理解新的事物，比如我们一般住的房子都有窗户和门，这个经验给予了我们关于房子的整体概念，当我们去面对一个没窗户和门的房子时，我们依然会去找门和窗，因为脑中已经在先的有了关于房子的概念，这就是前有带给我们的前见。

伽达默尔发展了海德格尔理解的前结构的学说，他认为海德格尔理解的前结构是理解得以产生的必要条件，并且把这种前结构称为"前理解"。① 伽达默尔将理解问题单独拿出来深入研究，进而将诠释学提升到具有普遍性的哲学高度，开创了哲学诠释学的研究传统。他认为"前理解"就是"理解的历史性"，即"由于历史的疏远化作用，文本的理解者处于和文本的作者不同的情境之中，有着自己独特的历史性，而这种独特的历史性必然要渗透到理解过程中，影响读者对文本的理解"。② 也就是说，是人的历史性带来了这个理解的前结构，赋予了人以"前理解"，人只能是此时此地的此人，人是属于历史的人，而非历史属于人。在对非科学真理的研究中，人因其历史性而永远无法达到那个曾经被认为是"客观"的真理，因为人不可能跳出自己的历史处境而纯粹的审视所要研究的对象，跳出这个处境，人当下即非人。殷鼎将历史性定义为四个层面③，一是指但凡属于人的理解范围的一切，都是某一特定历史时间内的理解，任何先验以及永恒的因素，都应该排除在理解范围之外。二是指人的存在具有有限性的特征，也就是不完满性，时间性或历时性贯穿其中，不完满性恰恰赋予了人发展的三种可能，即变化、延续、不完满。不完满的特征也是人至今还不肯公开承认的他的历史性之一。三是指人不可能做出超越历史的理解。四是指历史并不是过去某一个点上的可以作为静观对象的历史，历史是在不断展开的，连接着现在与未来。理解的历史性表现为过去、现在和

---

① 洪汉鼎：《伽达默尔的前理解学说（上）》，《河北学刊》2008 年第 1 期。
② 彭启福：《理解之思——诠释学初论》，安徽人民出版社，2005，第 38 页。
③ 殷鼎：《理解的命运——解释学初论》，三联书店，1988，第 115 页。

未来三个时间同时在理解中展开，没有过去而来的传承，便没有人们现在的作为"前理解"的视角，自然不会有对未来的打开，理解的历史性对于理解结构本身的重要性可想而知。

这些关于理解历史性的论述说明由理解的历史性所带来的"前理解"并不是理解的障碍，这个"前理解"恰恰具备了一种内在的动力，既是理解必须的开端，同时又因为其有限性与不完满性而具有了一种创造的功能。这样的"前理解"本身就有了既遮蔽又解蔽的辩证法意味，自身具备了一种内在的推动力，前理解看似遮蔽了真理，却恰恰又朝向真理开放，进而重新缔造着真理。伽达默尔哲学诠释学致力于显现"理解的真理"，他认为源于古希腊的真理，即 aletheia，原意本身为去蔽、展现与揭示，[①]真理本身的意味就是"打开"。在这个意义上，历史本身并不是一个放在过去可以进行客观静观的对象。同样，"前理解"也不是一个封闭的系统，它同时朝向过去与未来开放。伽达默尔认为，理解首先意味着对某种事情的理解，其次才意味着分辨并理解他人的见解。因此一切诠释学条件中最首要的条件总是前理解，正是这种前理解规定了什么可以作为统一的意义被实现。[②] 也就是说，真理的展开必然是从"前理解"开始，进而向未来继续展开，这就如同经过三棱镜的阳光，三棱镜就是人的"前理解"，真理想得以展开，想得以显现，就必须涂上"前理解"的颜色，必须以"前理解"的形象而出现，不经过"前理解"而高高在上的真理必将枯萎。但是单单强调"前理解"的决定性，不可避免会使真理走向相对主义，这也违背了伽达默尔哲学诠释学的初衷，诠释学作为哲学，必有普遍性与客观性的一面，伽达默尔"理解的真理"正是既破除相对主义与主观主义，又破除历史的客观主义，真理的明晰就在于伽达默尔哲学诠释学的另一个重要理论，即"视域融合"。

---

① 严平：《走向解释学的真理：伽达默尔哲学述评》，东方出版社，1998，第44页。
② 〔德〕伽达默尔：《诠释学 I：真理与方法》，洪汉鼎译，商务印书馆，2010，第417页。

第二节　"视域融合"使真理成型

一　非科学真理的"关系"结构

伽达默尔为"偏见"正名，认为"前理解"是理解进行的必要条件，并不是需要去克服的对象，这实际上是伽达默尔对自然科学研究方法对人文科学的深入影响所做出的反思。人们对真理概念的认识也被自然科学的研究方法根深蒂固地影响着，认为真理是唯一的，是通过某种方法去达到的，客观的作为静观对象来审视的一种"终极根据"。这种关于真理的观念其实已经与最初的真理观念分道扬镳，真理一旦成为主客二分的客观真理，就已经失去了古希腊最初真理观所具有的"敞开"特点，从而走向了狭隘的真理观。但是主客二分的真理观确实是适应自然科学发展的，这取决于自然科学的研究对象，自然科学的研究对象至少在目前的科学研究范围内而言，是基本不受人类精神影响的客观存在。比如研究一座山，山是自然所予物，是不受我们思想左右的客观对象，既然不受人类思想左右，山的属性当中便鲜有历史性的属性，古今中外的山基本可以作为一个客观的对象去研究。因此作为自然科学的研究对象，客观世界可以作为一个通过方法而达到的主客二分的客观真理。从这个角度来讲，如何去触及研究对象，实际上可以还原为哲学上的真理问题，或者进一步说是真理标准问题，只有真理的标准确定，我们才能明白研究所要达到的对象是什么，否则在研究当中只会无所适从，找不到方向。

那么相对于自然科学的客观真理，精神科学即属于人的精神创造物的学科，诸如文学、历史与宗教等，其真理属性就显然不同于自然科学的客观真理。比如说对于历史的研究，历史有个最为显著的特点，就是所谓"时移世易"。所要研究的对象并不像自然科学的研究对象那样的相对恒定与客观，精神科学的研究对象总是在不断变化。既然是所谓精神科学，也即人的精神创造物，研究对象是关于人的，自然要审视人的特点。人的特点就是理解的历史性，人无法跳出自己所处的历史境域去"纯粹"的静观自身的历史，无法跳出当下的历史境域将自己植入一个处于历史某点之中的某个事件或某个文本。试图克服自身的历史境域去植入并还原一个处于历史某点上的事件或某个文本，无异于去寻找一个没有的东西，伽达默尔把这种寻找方式形象地比喻为寻找"幽灵"，反而会因为对真理问题的理解偏差而无所适从，从而适得其反地通向相对主义，导致的后果则反而是虚无主义。① 因为所寻找对象不存在，恰恰消解了一开始所要追求的客观性。

精神科学或者细化来说如人文科学，既然是属于人的创造物，那么对其研究对象的理解与把握一定离不开人的理解结构问题。以日常生活中的事情为例，当我们面对平时人际关系中的交往障碍时，或者说沟通不畅时，我们总是会听到这样的建议，即"换位思考"，我们可以仔细想想所谓换位思考的本质含义，也就是当我处于对方的立场时，我该如何处理当前的问题。这种"换位思考"的方式表明了两点经验，其一是我们实际上无法直接体会对方的处境；其二也是最关键的一点，即理解对方要从自己开始，即理解自己是达到对方的一个不可或缺的要素，所谓的"我"去理解"你"，其实在理解的开始只有一种对我而言的你，和对你而言的我。② 当然这只是理解的开始，是构成精神科学真理的要素之一，并没有达到真正的换位思考。其实在研究处于历史中的某个事件或某个文本这样的精神科学的对象，在本质上与在生活中处理"我"理解"你"的情况是相通的。

既然理解对方要从我开始，那就需要了解是什么构成了"我"，这点前已有述，即"前理解"，理解从"前理解"开始。"前理解"之所以存在是因为人的"被抛"本质，被抛入的历史节点构成了人本身，而这个历史节点则属于人所处的"传统"，被抛入的是文明长河中的某点，既然是"长河"，我们通过常识便可得知，河水本身就是一个整体，在这一整体中绝对不存在某个孤立的一点。这个整体的文明长河是先在的，也就是说，人是属于"传统"的。"传统"并非作为一种可静观的对象而属于人，后一种视角已经是在理解之后的事了，并不构成理解的结构，

---

① 〔德〕伽达默尔：《诠释学 II：真理与方法》，洪汉鼎译，商务印书馆，2010，第47页。
② 〔德〕伽达默尔：《诠释学 II：真理与方法》，洪汉鼎译，商务印书馆，2010，第276页。

换句话说，理解并非通过"方法"而得，"方法"反而是理解之后的事。总的来说，人是历史的存在，这一本质决定了人永远不能将自己剥离出来静观整个人类文明，静观某个历史节点在整个人类历史中的位置。因为人是历史的存在，因此人对于自身的认识永远是未完成的，既然认识是未完成，那么精神科学的真理标准必定也就不是客观唯一的，而是无尽的去形成。

人处于"传统"的长河之中，那么精神科学所要研究的对象，既然是人的创造物，同样也是处于"传统"长河中离我们或远或近的一点之上。从这个意义上来说，人本身就是过去与现在的中介，并朝向未来而打开。人对于某个历史节点的认识当下就是一种"中介性"的认识，伽达默尔称之为"效果历史意识"。人的这种意识构成，决定了人所理解的历史是一种"效果历史"。伽达默尔认为"真正的历史对象根本不是对象，而是自己和他者的统一体，或一种关系，在这种关系中同时存在着历史的实在以及历史理解的实在。一种名副其实的诠释学必须在理解本身中显示历史的实在性。因此我就把所需要的这样一种东西称为'效果历史'，理解按其本性乃是一种效果历史事件"①。在这里，精神科学所要达到的研究对象是一种"关系"。至此，人的理解结构大致阐明，由此而得出的精神科学的研究对象也已彰显，一种动态的、关系性的精神科学的真理观呼之欲出。

二 非科学真理即"视域融合"的真理

"视域"这个概念最初由尼采和胡塞尔引入哲学，其最初意义用来表示思维受其有限的规定性束缚的方式，以及视野范围扩展的规律的本质。② 伽达默尔将"视域"形象地比作"地平线"，这个比喻就使得这个概念具有了生活的色彩，当我们站在一望无际的宽阔地界，我们的眼神再好，也总会看到视野所及的尽头，这个尽头看似天地相连，站在原地的我们无法再进一步看到这个尽头之外的画面，我们视野所及的范围就是"视域"，也就是人由于被抛本质而带来的"前理解"，这片区域就是从一特殊的占

---

① 〔德〕伽达默尔：《诠释学 I：真理与方法》，洪汉鼎译，商务印书馆，2010，第 424 页。
② 严平：《走向解释学的真理：伽达默尔哲学述评》，东方出版社，1988，第 130 页。

主导地位的观点所能看到的一切。① 前已有述，精神科学的真理特点是一种"关系"，是自他的统一体，反映在人的意识内部就是伽达默尔所谓的"效果历史意识"。也就是说，精神科学的真理在结构上呈现为一种"关系"，在表现上则是一种"效果"。"效果"这个词往往用于两个可以相互发生作用的外在表现，比如生活当中常问到的，"你吃吃这个药，看看效果怎么样？"两者由对立到融合即产生效果。那么这种"效果历史意识"，反映在对精神科学研究对象的理解上，反映在精神科学真理的呈现上，即是"视域融合"。

伽达默尔将"视域"比作地平线，是有其用意的。在生活中我们都有这样的经验，所谓的地平线并不是固定不变的，地平线往往随着我们的向前移动而不断拓展，每完成一次拓展，就是一次"视域融合"，也是一次精神科学研究对象的达到，同样也是一次精神科学真理的完成，但是此真理的全体却是永不穷尽的。即"视域融合"是一个无限的过程，是精神科学真理不断展开的过程，精神科学真理之所以是一种"关系"，其内涵就在此，不断的"视域融合"就是这种"关系"的不断完成，也是真理的不断展开。每个在历史节点上展开的真理其实从本质上讲就是无限真理的具体显现。从这个角度来说，精神科学的真理其实就是"历史的真理"。人的历史性、理解的历史性，乃至于真理的历史性，在这里是三者融合而出的。可以说自然科学的真理是纵向的展开，精神科学的真理则是横向的延伸。

视域融合的真理观在具体应用上表现为人对历史传承物的诠释，这种诠释达到的结果就是视域融合真理的呈现。通常来讲诠释学研究的是人对某历史文本的理解，也就是人与原文之间的关系问题。原文在哲学诠释学这里并不仅限于是文字性质的历史文本，还包括比如某种异质的文化、艺术品、哲学等这些源自人类精神的产物。伽达默尔将诠释学上升到哲学，就是在这个意义上寻求精神科学的真理普遍性。我们与自身隶属历史传统的长河，当然在这里的历史传统的长河并非是自顾自地靠某种神秘的力量

---

① 〔德〕伽达默尔：《效果历史的原则》，甘阳译，《哲学译丛》1986 年第 3 期。

延续下去，而是通过一代代人的选择而不断地延续与展开。既然我们和原文同样属于历史长河中的某点，这就使得我们与原文之间有一种特殊的关系，既熟悉又陌生。这样来看，我们与原文之间的时间距离就不再是可怕的鸿沟，而变成了富有延续与创造意味的理解工具。熟悉性在于历史传统的长河将过去与现在勾连成为一个意义的统一体，并且面向未来不断地延伸，这就使得处于历史某节点的原文与作为理解者的我们有了一种共时性的意义，这就是熟悉性。也就是说，原文并不是关于已经过去事物的陈述，而是针对现在来说话。[1] 但原文对我们来说又并非是完全熟悉的，如果完全熟悉的话，也就没有必要再去理解，它仍然有一种陌生性在。陌生性的一面保证了原文的原始视域要素，避免了理解的相对主义。熟悉性的一面给予了理解者本身所具有的历史视域以合法性，同时避免了由于原文的完全陌生而造成的意义的虚无性。熟悉性与陌生性之间，就是一种解蔽与遮蔽之间的辩证关系，是作为理解者的历史视域与作为被理解原文视域之间辩证前进的不断融合，这种视域融合的真理一方面克服了作为原文所在的原始历史视域的特殊性，同时也克服了来自解释者历史视域的特殊性，二者的融合上升到一个更高的普遍性，这就是视域融合真理的完成。

我们与所要理解的原文之间往往存在着或长或短的时间间隔，时间间隔以往总被视为理解的障碍，是理解需要跨越的鸿沟。但伽达默尔认为这个时间间隔不仅不是理解需要跨越的鸿沟，反而是理解的有益工具，这个时间间隔正是作为历史传统之河将所要理解的原文带到我们面前。也就是说，原文本身作为我们所要达到的研究对象，作为精神科学的真理，并不是藏在历史某处等待我们去挖掘的幻身幽灵。而是在这时间间距中不断展开自身，不断达到真理全体的过程。当然这一过程是通过作为理解者的人来不断实现的，这是理解者对被理解者的倾听，同时也是被理解者向理解者的诉说，是理解者历史性的前理解与被理解者历史视域之间的融合上升。两种视域之间的诉说与倾听意味着双方视域的打开，原文面向理解者，理解者面向原文，这就有了一种谈话的结构，在这一方面伽达默尔回到了苏格拉底的谈话辩证法，这是一种提问与回答的交谈结构，伽达默尔

---

[1]　张隆溪：《阐释学与跨文化研究》，三联书店，2014，第 60 页。

认为生活当中的这种说话表达了语言的真正本质。[①] 因为历史传统的长河是积淀于语言之中的,是通过语言来表现的,所以理解者与原文之间才有了一种"谈话"的结构,用文字形式传承下来的东西从它所处的异化中被带出来而回到了富有生气的、正在进行对话的当代,而谈话的原始程序经常就是问与答。[②] 这种谈话并非随着谈话双方的意志而进行的,而是被一种更高的普遍性所引领,双方反而成为谈话的被引导者,谁也无法事先知道在谈话中会产生什么样的结果,这种谈话结构让某种东西"显露出来"和涌现出来,这种东西自此才有存在。[③] 被理解的历史原文在时间长河当中以不同的姿态展开,呈现出的种种姿态既带着被理解原文的原始视域,同时又取决于解释者的历史前理解。这里有一个不恰当但形象的比喻,即如同盲人摸象,每个盲人摸到的都没有超出大象的概念范围,既带着大象的全体,又带着盲人的"触摸视角",随着盲人的进一步触摸,大象这个概念也在不断展开。上述理论加之盲人摸象之喻,就是视域融合真理的特点。

三 "视域融合"真理的合法性

上已有述,精神科学的真理是一种视域融合的真理,理解者对被理解原文的解释是二者的视域融合,也就是说解释者所能达到的原文就是一种视域融合。理解者无法纯粹地去接触那个处于历史节点上的原文,这个客观存在的原文我们虽然无法客观达到,却也不能否定它在历史中的实存性。因此就又涉及一对关系,即我们所达到的视域融合的原文理解与曾经确切在历史中存在的原文本身的关系又是如何,这也涉及视域融合真理的本体性与真理合法性的问题。伽达默尔在艺术真理的研究中,通过探讨艺术作品与原型之间的关系,说明二者是互为真理的关系,视域融合的理解相对客观存在的原文同样具有真理的合法性。

伽达默尔在研究中主要以绘画作为研究对象,其他艺术形式真理的

---

① 严平:《走向解释学的真理:伽达默尔哲学评述》,东方出版社,1998,第158页。
② 〔德〕伽达默尔:《诠释学I:真理与方法》,洪汉鼎译,商务印书馆,2010,第520页。
③ 〔德〕伽达默尔:《诠释学I:真理与方法》,洪汉鼎译,商务印书馆,2010,第539页。

显现大体与之相同。传统的艺术观认为，绘画就是对原型的模仿，也就是柏拉图艺术理论里那个著名的"模仿说"。这种艺术理论的背后暗含着传统的真理观，即认为真理是客观唯一的，我们只能通过某种方法纯粹地达到它，这个真理是唯一的、不动的真理全体，可作为客观对象去审视。也就是说，这是一种对象的真理，是主客二分的。应用在艺术上，一切艺术自然也就成为自然中原型的模仿，或者宗教画中神性的显现，艺术成为达到唯一原型的一种方法。前者使得绘画变为一种符号，符号的特点就是指向他物，也就是说绘画在这里的意义就是为了显出原型，当人们认识到原型是什么，绘画的目的也就达到了，在这里绘画本身并没有什么意义，原型才是唯一的意义。后者，也就是宗教艺术作品，其目的是神性的显现，神性具有唯一的权威性与真理性，于是宗教艺术作品便具有了象征物的意味，以基督教艺术品为例，如果我们对某作品与基督教之间的关系没有认知背景，这类绘画对我们来说可能成为谜一般的作品，其意蕴会被完全遮蔽在作品当中，因为象征物本身无法向我们诉说它代表什么。

我们从生活经验当中可以看出绘画作品的特点，生活中常常能欣赏到一些世界名画，而我们大多数人从没有对这画中的人或者风景等做过详细的考证与研究，单单是对这些画进行观赏，就会觉得赏心悦目，并没有体会到审美上的中断，即并没有因为我们不了解画中的人或物，或者作品背后的象征意义而无法欣赏。从我们自身的生活经验来看，我们的审美与原型到底是什么之间并没有必然的关系，原型是什么并不会造成审美的中断。这就说明了绘画本身就有其自身存在的本体意义，即艺术作品并不需要一个外在的系统来赋予其意义，它自身有其本体存在的价值。[1] 当然这种自身所具有的本体价值是离不开观赏者的，是我们从观赏的体验中发现绘画与指示符号和象征物之间的差别，从切实的审美体验中发现绘画本身所具有的本体意义，因此艺术的真理实际上就是视域融合的真理，伽达默尔称艺术的这种真理是一种"构成物"[2]，绘画意义的实现本质上是一种

---

① 张隆溪：《阐释学与跨文化研究》，三联书店，2014，第110页。
② 〔德〕伽达默尔：《诠释学I：真理与方法》，洪汉鼎译，商务印书馆，2010，第172页。

"视域融合的意义"。也就是说，这种绘画的本体意义是由作品本身与观赏者共同赋予的。

既然绘画有其本身的本体意义，那么是不是说绘画就脱离了原型而成为一种异于原型的存在了呢？并不是这样的，绘画本身由原型而来，这一点决定了绘画与原型之间的联系是必然的。这种联系的具体结构就是原型本身的展开，绘画为原型打开了一扇窗口，恰恰是这扇窗口使得原型面向未来打开，在时间中不断进行意义的展开。即绘画与原型之间的关系并不是对原型存在自主性的削弱，反而是对原型存在的展开，原型通过绘画这扇窗口其实是在对其存在本身进行一种扩充。① 当绘画完成的那一刻，它便脱离了原型所处的历史文化环境，带着原型的存在并将其打开面向未来，在时间中展开，并通过观赏者理解的历史性来赋予绘画每个当下的意义。因此绘画本身是带着原型并且走出原型的不断展开，并非对原型单纯的模仿，正因为绘画带着原型走出原型，这种艺术真理才具有可能性，若绘画只是单纯的模仿原型，艺术的真理将完全遮蔽在绘画当中，绘画本身只能成为一个谜团。从这个意义上来讲，绘画本身就有了本体的意义，有了较之于原型的真理合法性。绘画与观赏者的结合，使得原型（真理）展开为新的真理阶段，也就是艺术真理的本质，即视域融合的真理。

通过艺术真理具体案例的分析，上升到普遍性来看，视域融合的理解结果与被理解的处于历史某节点处的"原文"之间，就是一种互为真理的关系。因为视域融合的真理是一种动态的真理，是精神科学的实际真理结构，动态向前延伸过程中的每一次视域融合，本身都具有本体的意义与真理的合法性。被理解的"原文"实际上是作为真理的起点，在时间性中通过理解者开始展开。理解者由于其理解的历史性而不断与"原文"之间进行视域融合的辩证互动，将"原文"当中本有而未被展开的因素不断展开，在向真理全体行进的过程中走向无穷。每一次视域融合的结果都具有真理的合法性，都是真理的"一面"，因为人只能认识真理的"一面"，全体则始终面向未来打开。这就是视域融合真理的

---

① 〔德〕伽达默尔：《诠释学Ⅰ：真理与方法》，洪汉鼎译，商务印书馆，2010，第172页。

本质结构。

小　结

　　本章主要阐述了伽达默尔哲学诠释学的两个重要概念"前理解"与"视域融合"。从根源上来说，真理问题是经由人的思考才被带入现实。从源头上来说，人就是真理显现的窗口，而后随着人的主体性的觉醒与膨胀，真理渐渐被异化为一种与人对立的主客二分的客观真理。这虽然对科学研究很有帮助，却并不适合非科学领域的真理结构。基于此，伽达默尔区分了科学真理与非科学领域的真理，认为非科学领域的真理应该是主客融合的结构，真理经由人的理解而显现，并且不断走向其全体。

　　如果按照主客二分的科学真理观的视角，印度佛教便成了唯一"正确"的佛教。这样一来，佛教后期的种种本土化发展，使佛教的合法性成了问题，更何况真正的印度佛教也无法去还原。如此，印度佛教无法还原，后期的发展又均不合法，佛教的发展很可能会走向虚无。这也正是科学研究方法的弊端。伽达默尔将主客二分的真理观限定在科学研究的范围内，在非科学领域则肯定了诠释者的真理合法性。如此而审视佛教中国化，佛教是经由人而显现的，被不同文化形式所构成的人们也必然会对佛教进行多元化的诠释，这一过程是文化发展的规律，并不是有意为之。作为诠释的一方必然存在着视角的局限，只能从一种视角来审视佛教，这一视角就是"前理解"，是诠释者一方的"视域"，也就是中国文化。佛教自诞生之日也有一个根本的视域，也就是佛教之为佛教的核心要素，就是包含有出离心、菩提心与空性等元素在内的"出世"的解脱特征。两种视域的融合就是佛教中国化的完成，是佛教本身向其全体展开的一个环节，印度佛教也是环节之一。这样一来，中国佛教其实就是佛教本身以中国文化的话语方式来表达出来，同样具有合法性。本章讨论真理观的根本用意即在于此。

　　本书研究唐代佛教中国化的结构，以僧人群体为研究对象。基于伽达默尔视域融合的真理观，其实就是研究佛教透过唐代僧人的"前理解"而折射出的形态。从唐代僧人这一方来看,就是他们以中国文化为视域(理解工具)去诠释佛教的过程。第二章就是针对这一过程现象,基于唐代僧人的史料传记,详细阐述与分析唐代僧人以"前理解"诠释佛教的过程及特点。

第二章 唐代僧人的儒家文化 "前理解"

承前所述，所谓"前理解"的本质就是人的"被抛"状态，这个状态是在先的。从文化融合的角度来说，一种异质文化的传入，其实已经在先地被本地"前理解"规定了，这个既是在先的，同时也是不可避免的。佛教传入中国后的展开方式其实已经被一个在先的"问题"决定，这个问题由佛教本身与中国本土的"前理解"一起提出，即"出世的佛教如何用入世的方式来表达，且不改变佛教出世的核心目标？"这个问题在先地决定了佛教在中国的展开方式，点亮了佛教本身隐而未显的其他维度。"问题"往往是一种文化向其全体展开的一个个环节，每个环节都是某种文化在不同境域中的外显。好比提纲挈领，牵住这个环节便能提起文化的全体，因为这个环节承载着这种文化真理的全体。佛教传入中国实际上就是佛教在印度这一环节展开的结束，与佛教在中国这一环节展开的开始，是同一佛教本身不断展开的过程。笔者认为这一环节在中国完成于唐代，上述佛教进入中国后那个在先的"问题"就是在唐代消除了其中的张力并且同时得到了较为圆满的回答，答案就是中国佛教形态的形成。

人的"前理解"起到了开路的作用，既是文化展开的"开路先锋"，同时也决定了文化以何种形态进行显现。佛教也不例外，佛教在中国以何种方式展开，取决于中国人的"前理解"。进一步来说，从佛教的角度来看，没有人能一生下来就跨过自己在先的"被抛"环境，而直接进入其社会身份。僧人更加直接的是作为一种"媒介"处于佛教在中国展开的最前线。绪论中，笔者论述了中国僧人在中国社会所处的位置，皇族、士大夫、百姓阶层均有，可谓是中国古代社会各阶层的代表与缩影，因此以他们为研究对象可以较为全面地说明佛教在中国展开的深层结构。

佛教传入中国后，与中国传统文化之间主要的张力偏重伦理层面，在义理上反而没有那么突出的矛盾。儒道二者对佛教的攻击，核心就在于佛教违背了忠孝。这样就暗含着一个需要解决的问题，也是佛教自身展开所要求的问题，同样也是中国传统文化"前理解"提出的问题，即"出世的佛教如何以入世的方式说出来？"之所以出现这个伦理上的矛盾，表面上来看涉及儒佛道三家之间利益上的冲突，但从哲学诠释学的角度来看，似乎能发现更深层次的原因，那就是中国人从根本上无法跨越自身的"前理解"去审视那个纯粹的印度佛教，这才是佛教与中国传统文化之间冲突的根源所在。至于儒佛道三方利益之间的博弈，这些都是在后的，是表现，并非本质。任何冲突的根源在于"不理解"，理解就意味着真理的达成与产生，政治问题与各方利益等因素都是在这个根源上"建楼"。笔者之所以选择唐代中国佛教与僧人，就是因为这种张力在唐代达到了最大，并且在这个阶段形成了佛教与中国文化的"相互理解"。

唐代在太宗时期就已经史无前例地以朝廷政令的方式来强力促进佛儒之间伦理的融合，太宗颁布诏令认为僧人应该拜父母，而非相反①，但是太宗并没有成功。接下来太宗的继任者高宗依然重申其父的观点，在僧俗两界挑起了关于僧人是否应该拜君王与父母的讨论，最终下诏声明僧人至少应该礼拜父母②，但是最终也因为阻力太大而流产，玄宗在公元733年十月也曾下令试图让僧尼拜双亲。③ 除此之外还有我们熟知的唐初的傅奕事件与后期的韩愈事件，可见在唐代儒佛之间伦理的张力已经发展到最大，到了不得不解决的时刻。从官方资料来看，儒佛之间的伦理矛盾在唐代是尖锐的，在政府强迫与僧众反对间不断地博弈。但是在僧人的实际生活中，却是另外一番景象。笔者的研究资料是基于唐代僧人的传记，这些传记取自《续高僧传》《宋高僧传》《新编续补历代高僧传》《全唐文》《唐代墓志汇编》《唐代墓志汇编续集》等，至少从文献的角度来讲，笔者

---

① 〔美〕斯坦利·威斯坦因：《唐代佛教》，张煜译，上海古籍出版社，2015，第15页。
② 〔美〕斯坦利·威斯坦因：《唐代佛教》，张煜译，上海古籍出版社，2015，第33页。
③ 〔美〕斯坦利·威斯坦因：《唐代佛教》，张煜译，上海古籍出版社，2015，第34页。

认为可以代表当时唐代僧人的整体生活图景。

本章主要是关于僧人"涉儒前理解"的研究。在这里需要解释一下，"前理解"的来源其实是复杂多样的，取决于僧人的生活环境。笔者之所以着重体现僧人前理解中的涉儒部分，是因为在僧人诸多的传记当中，主要体现出的或者说体现最多的就是僧人在生活、修行等诸方面以儒释佛的特点。其他的前理解在僧传当中体现得微乎其微，故此笔者选择了僧人涉儒前理解进行研究。涉儒的现象普遍存在于唐代僧人群体中，更精确地说，主要是僧人将儒家修养实践于佛教的修行。"空而不失其孝""佛教儒行合一""内勤释教而忠于国事"等现象都是唐代僧人的主要特点。儒佛之间的伦理张力表现得很严重，表面上可能是基于身份认同，但在实际生活中，僧人似乎都是下意识地以君子的标准来要求自己，这归根结底就是源于僧人的涉儒前理解。因为僧人无法跨过自己的前理解去理解佛教，他们必须通过儒家文化来进入佛教，可以说儒家文化是他们进入佛教的必要条件，这也就不难理解为什么有的之前没有学过儒学的僧人在进入佛门之后反而要再去学习儒学。

本章要着重讨论的就是唐代僧人的这些特点，他们其实已经在先地解决了佛教与儒家文化的相融问题，点亮了佛教本身隐而未显的维度，只是他们自己没有意识到而已。在唐代僧人的传记或者墓志中，开头往往会特别表现出僧人的儒学背景，这些典籍中明确的文字记载表示了僧人涉儒前理解的来源。僧人出身本身就已经潜移默化地被儒家文化的前理解所在先构成，文献当中的这些文字记载则更能说明这一点。既然记载唐代僧人的文字中总是在开头给出其儒家文化背景，那么本章也从唐代僧人的儒家文化背景开始论述。

第一节　僧人的儒家文化背景

一　家世儒宗

唐代不少僧人的传记或者墓志特别强调僧人祖上的仕人身份，并且描述得很详细。从僧人的先祖一直到僧人的父亲，几乎每一代都为朝廷忠诚效力，或至少都尊崇儒家思想。只要僧人的家世涉儒，一般在传记或者墓志当中都会着重强调并且详细描述。似乎这样家世的子弟才能成为一名合格的中国佛教徒，这些家世涉儒的僧人有不少在其生平都表现出明显的忠孝倾向，非常符合一名儒家君子的言行。

　　具体的例子有不少，如大唐灵化寺故大德智该法师，其祖是北周豫州刺史，对其祖的评价是"负文武之才雄，为帮国之光彦"①。法师父亲则是隋巴西县令，"善政之美，著乎风俗"②。对其祖和其父的评价显然都具有儒家特色，表现了法师祖上对于国家的尽忠。法师本人在这样的家庭熏陶当中也是"承九流于庭训，贯六艺于家风"，家庭的熏陶给予了法师以坚实的儒家文化基础，所以能"粃糠儒墨"，即是说已经把儒家文化烂熟于心并且轻松驾驭了。唐北岳慧炬寺的智力禅师"祖、考、季父，皆从容爵位"③，禅师的姐姐是邠王妃，贵为玄宗近属。唐圣善寺玄堂禅师，其家族是轩辕氏后裔，他的父辈兄弟们都非常优秀，尊崇儒家文化，"儒行华冕"④。六度寺白衣大师智达虽为居士，却同出家僧人一样，只是没有正式出家，他的塔铭在开头便首先声明其"人承孝友之家"⑤，似乎这样的家庭才能出现像大师这般的修行人。大唐净域寺法藏禅师家世显赫，曾祖历任吴郡太守、苏州刺史等职，父亲任职唐少府监丞。之后塔铭中还特别强调了禅师就是太守的曾孙，监丞的第二个儿子，由此可见家世儒宗对于一个僧人的一生是多么的重要，在盖棺定论的塔铭上要强调两次。随后在评价禅师的一生时，作者还将其比作"若周公之吐哺，天下归心"⑥，这样儒家式的比喻似乎是给一位佛教徒最高的评价，由此可见儒家文化前理解影响之深。

　　大荐福寺思恒律师的例子更加典型，曾祖明，是北周左监门大将军，祖元，历任隋洪州刺史等职，父亲是唐朝恒州录事参军。祖上可谓家世显

① 吴钢主编《全唐文补遗（第一辑）》，三秦出版社，1994，第12页。
② 吴钢主编《全唐文补遗（第一辑）》，三秦出版社，1994，第12页。
③ 吴钢主编《全唐文补遗（第二辑）》，三秦出版社，1995，第14页。
④ 吴钢主编《全唐文补遗（第三辑）》，三秦出版社，1996，第28页。
⑤ 周绍良主编《唐代墓志汇编》，上海古籍出版社，1992，第1155页。
⑥ 周绍良主编《唐代墓志汇编》，上海古籍出版社，1992，第1179页。

赫，他的墓志上这样评价，"系丞相之端严，散骑之仁厚，以积善之庆，是用诞我律师焉"①。这个例子其实已经表达的很明确了，之所以家里能有这样一位优秀的佛教僧人，恰恰是因为祖上仁厚积德，因为祖上乃积善之家，才能诞生这样的人才。这也证明了我之前的判断，唐人无法跨越自身的儒家文化前理解，只有家世儒宗并且祖上仁德，在这样一种符合儒家君子标准的家庭中诞生的佛教僧人才是一名合格的僧人。从这个角度来讲，在现实生活中，儒佛之间的张力也许并没有那么大，佛儒之间的融合在生活当中倒是一件比较自然的事情。思恒律师在生命的后期曾被召入内道场，受命为菩萨戒师，"充十大德，统知天下佛法僧事"②，在唐代佛教的范围内，他可谓已经走到了最高处。由此可见，无论是唐代统治者还是唐代社会，在大家的意识中，一名合格僧人的榜样就如同思恒律师一样，家世儒宗，修行高尚，且对朝廷尽忠。这是跨不过的儒家文化前理解。

　　唐代著名的玄奘法师也同样符合上述唐代合格僧人的标准。玄奘法师是河南人，曾祖是上党太守，祖为北齐国子博士。父亲"长八尺，美须眉，魁岸沉厚，号通儒"③，僧传中记载略有不同，说玄奘法师的父亲"早通经术"④，并且官居江陵令。这些对玄奘法师父亲的描述就是一个典型的儒家君子形象，为朝廷尽忠且形象学问俱佳。这样的家世对玄奘法师的影响是毋庸置疑的，无疑给了玄奘法师以深厚的儒家文化前理解。在去印度学习归来后，于高宗当政时期，玄奘法师因为父母的坟墓长期荒芜无人照顾，于是向高宗提出希望能回去重葬父母遗骸⑤，高宗同意并表示由朝廷承担费用。玄奘法师时隔如此之久，在印度求学归来后事业繁忙的情况下，仍然要去重葬父母，这样的孝心无疑受到了早年儒家文化前理解的深刻影响，不过这也隐隐能感受到玄奘法师自身对父母的愧疚之情。玄奘法师开创的唯识宗属于偏向印度佛教的宗派，在这种情况下玄奘法师仍然无法跨越儒家文化的前理解，早年出家，终其一生将孝心埋在心底，最终还

①　周绍良主编《唐代墓志汇编》，上海古籍出版社，1992，第1322页。
②　周绍良主编《唐代墓志汇编》，上海古籍出版社，1992，第1322页。
③　周绍良主编《唐代墓志汇编》，上海古籍出版社，1992，第2185页。
④　（唐）道宣：《续高僧传（上）》，郭绍林点校，中华书局，2014，第95页。
⑤　〔美〕斯坦利·威斯坦因：《唐代佛教》，张煜译，上海古籍出版社，2015，第30页。

是践行了身为人子应尽的义务。玄奘法师的弟子，著名的唯识宗二祖弘道法师，也就是窥基大师，他的家世更是显赫。法师出身尉迟家族，是唐开国功臣尉迟恭的侄子。法师虽属少数民族，但其出生后所浸染的却是儒家文化，所以儒家文化的前理解对其影响是很深的。法师身高六尺五寸，仪表堂堂，天生聪明且悟性很高，"能属文……凡经史皆一览无遗"①，这说明窥基法师儿时受到的是儒家文化的教育，并且学得很扎实。后来被玄奘法师所度，17 岁出家，"既脱儒服披缁衣"。玄奘法师度化窥基大师的一个重要原因可能也是因为他深厚扎实的儒学功底，有助于译经与推广佛教教义，"以师先有儒学词藻，诏讲译佛经论卅余部"②，在这里已经点明了，也就是说窥基法师之所以在出家后有这么大的成就，反而是因为他深厚的儒学功底。可以说儒家文化的前理解在唐代并不是进入佛教的障碍，反而可以说是进入佛教的必备条件，这归根结底是因为唐代僧人无法跨越自身的儒家文化前理解，他们无法去"客观"审视佛教，同时这种"纯粹"的佛教也不存在，他们必须通过儒家文化才能进入佛教。

　　同样还有让玄奘法师非常看重的一位高僧，即京师纪国寺的慧净法师。当时玄奘法师需要译经的时候需要征召有德且博学的高僧来帮助译经，慧净法师颇得玄奘法师的赏识，他的传记虽然放在了《续高僧传》的译经篇，但他的生平却是以护法见长，多次与儒道辩论从而维护佛教的尊严。玄奘法师曾当着房玄龄等重臣的面，拍着慧净法师的后背说："此乃东方菩萨也。"③可见玄奘法师对他的器重。再来看看慧净法师的家世，父亲是隋朝国子博士，同样"家世儒宗，乡邦称美"④，并且法师在儿时就已经开始学习儒家文化，可见慧净法师同样具备了一名成功的中国佛教僧人所应该具备的条件，儒学底蕴反而成了僧人的必备条件，使得慧净法师在译经、护法以及与士大夫交往方面都游刃有余。其实在唐代僧人的传记或者墓志当中，这样的例子是比较普遍的，可以说唐代僧人的儒家文化前理解不仅是其无法跨越的文化构成，同时也是成为一名合格僧人的必要条

---

① 赵超主编《新编续补历代高僧传》，社会科学文献出版社，2011，第 21 页。
② 周绍良主编《唐代墓志汇编》，上海古籍出版社，1992，第 2188 页。
③ （唐）道宣：《续高僧传（上）》，郭绍林点校，中华书局，2014，第 76 页。
④ （唐）道宣：《续高僧传（上）》，郭绍林点校，中华书局，2014，第 72 页。

件，儒家文化前理解在唐代无疑是僧人理解佛教的工具，是通往佛教的必经之路，是僧人无法跨越的视域。

二　儒生出家

有一些僧人在出家之前就已经是儒生身份，即在僧传或者墓志当中明确提到他们在出家之前就已经接受过学校教育，有的僧人在出家之前已经考取了功名，在后来则因为各种各样的因缘而出家。这部分僧人虽然与上述家世儒宗的僧人与儒家文化的因缘略有不同，但他们无疑都深受儒家文化的浸染，儒家文化可谓已经"构成"了他们，他们无法跳脱这种视域，只能以儒家文化前理解为工具来接触佛教并且理解佛教。在华严寺开山始祖行标法师的碑铭当中，对其评价很有参考价值："儒书皆通三皇五帝之道，言未尝及，而人知其博古也。经论综贯天堂地法之说，舌未尝举，而人皆务崇善也。所至清风凛凛，正所谓释子之高杰者也。"[①] 对行标法师的这段评价很好定位了儒家文化前理解对于进入佛教的重要性，虽然碑铭当中没有明确记载法师确实于儿时学过儒家文化，但从他的家世"祖荣父安，莆之盛族也"[②]，这样的名门望族定然不会忽略了法师儿时的童蒙教育，加上这段对法师的评价，不难推断出法师的儒家文化前理解已经具备。因为法师九岁便已经出家，因此如此深厚的儒家文化底蕴，有可能法师终其一生都没有放下，一直在学习并且应用其儒学素养。从对这位有可能是儒佛兼修的行标法师的评价来看，一名优秀的唐代僧人的评价标准之一无疑是通儒，精通儒家文化，有着深厚的儒学底蕴的僧人才是佛门的"高杰者"。这也就不难解释为什么唐代僧人的僧传与墓志中会特别强调其儒学背景而忽略其他，归根结底是儒家文化前理解是唐代社会无法跨越的视域。

唐代的明演法师，幼年时便温和敦敏，长大之后在遇到佛教之前非常崇尚儒家文化，"蕴颜子之德，升孔氏之堂"，并进而在"天宝季，擢明经

---

① 《华严寺开山始祖碑铭》，《全唐文》卷八百二十六。
② 《华严寺开山始祖碑铭》，《全唐文》卷八百二十六。

第"①，考取功名，成为儒生。也就是说，法师的儒家修养已经相当深厚，可与颜回相媲美，已经几乎达到了儒家所谓"登堂入室"的高度。说到孔子的弟子颜回，在唐代僧人传记和墓志当中不时会提到他，他身为儒家君子的杰出代表，在唐代僧人文献当中却多成为唐代僧人的修身榜样。比如苏州开元寺的元浩法师，法师在跟随师父学习的时候特别刻苦，从来没有显示出疲惫的神色，且性格非常沉稳，常常暗暗下功夫学习，将佛教义理暗记在心。他的师父非常看重这一点，对他的评价恰恰用了颜回的例子："回也如愚，罕为人说，多辞以不能。"② 意思是颜回这个人平时好像一个愚夫，并且极少向人宣说自己的功德，为人非常谦虚。从内证角度来说，颜回是大智若愚，表面看似是一个愚夫，实际上是一个智者，这样的君子形象似乎是唐代僧人的榜样。沣州药山惟俨法师，碑铭中对其的评价是"众所不能达者，师必默识悬解，不违如愚"③。也就是说，别人无法达到的内证境界，惟俨法师一定能默默修证并且达到，与师父的教言不相违背，如同颜回一样，看似是愚夫实则内心是通达的智者。大慈恩寺的彦悰法师，其法名与隋朝著名的以翻译闻名的彦悰法师相同，两人也同样具有深厚的儒学功底，唐代的彦悰法师"于玄儒之业颇见精微"④，当时有人开玩笑问他，意思是您和隋朝的彦悰法师同名，那么您和他相比怎么样？他的回答仍然引用了颜回的例子："赐也何敢望回。"可见这位唐代的彦悰法师潜意识当中也同样是以君子身份的颜回为修身榜样。从以上的例子不难看出，唐代僧人的儒家文化前理解，这样的前理解使得他们对于佛教的理解无法跳脱儒家的视域范围，一个合格的佛教徒在他们眼中首先应该是一个合格的君子，或者说就是一名合格的君子。

其他的以儒生身份入道的例子也有不少，化度寺僧邕禅师既是家世儒宗，同时自身也是儒生。其祖官居荆州刺史，父亲为博陵太守并且深通儒家的礼文化，"世传儒业，门多贵仕。时方小学，齿胄上庠"⑤，禅师既成

---

① 周绍良主编《唐代墓志汇编》，上海古籍出版社，1992，第1917页。
② （宋）赞宁：《宋高僧传》卷六，范祥雍点校，中华书局，第120页。
③ 《沣州药山故惟俨大师碑铭（并序）》，《全唐文》卷五百三十六。
④ （宋）赞宁：《宋高僧传》卷四，范祥雍点校，中华书局，第74页。
⑤ 《化度寺故僧邕禅师舍利塔铭》，《全唐文》卷一百四十三。

长于这样的家庭，同时又受到了传统的学校教育，其儒学功底自不必说。除了儒家文化，禅师还博览群书，道家文化也不在话下。但是禅师在出家之后便隐居于山林之中独自精进修行。当时有一位信行禅师，这位禅师以弘法而闻名，在社会上的影响力非常大。当他知道僧邕禅师避世隐居修行后，立即派人去找他，并且带去了一句颇有儒家意味的忠告："修道立行，宜以济度为先，（缺）善其身，非所闻也"①，从这句话不难看出这位信行禅师似乎也是以一个君子的标准来要求佛教徒。独善其身与兼济天下是儒家君子入世的两个维度，在因缘还没有具足的时候，君子应当独善其身，慎独处世，而当君子有了能力与地位之时，就应该站出来兼济天下。信行禅师显然认为这个标准同样也是一个佛教徒应该具备的。塔铭中并没有提到信行禅师的儒学背景，但是即使没有明确的文字记载，也可以肯定地说，儒家文化前理解其实是构成着每一个唐代僧人的，因为这个构成僧人的前理解是在先的，僧人出生在这个环境当中就已经被其构成了，因此他们也必须以儒家文化的视域来审视佛教，儒佛的这种融合是必然的，也是自然的。再回到僧邕禅师的故事，他在听到信行禅师的劝勉后欣然接受并且马上出山，随信行禅师奉诏进京弘法，在僧邕禅师圆寂之后，皇帝赠帛追福，其一生得以圆满。

汝州开元寺贞和尚在弱冠时便已"秀才登科，知名太学"，后来他认为儒家并不究竟，并不是他需要的真理，继续学习只能增加妄想杂念，于是放下儒学而进入佛教，并且在后期得到了当时士大夫的敬重与朝拜。著名的禅宗神秀大师，身后皇帝赐谥号大通禅师，禅师同样是"少为诸生"②，儒生出身并且精通道家文化，僧传中的记载则是"少览经史，博综多闻"③。碑铭中在描述神秀大师的长相时，对他外貌的评价同样符合儒家君子标准，"身长八尺，秀眉大耳，应王伯之象，合圣贤之度"④。碑铭中认为神秀大师的长相符合圣贤的标准，这实际上也是变相在说神秀大师符合儒家君子的标准，这样的人才能进而成为一名合格的佛教徒。显然碑铭

---

① 《化度寺故僧邕禅师舍利塔铭》，《全唐文》卷一百四十三。
② 《唐玉泉寺大通禅师碑铭（并序）》，《全唐文》卷二百三十一。
③ （宋）赞宁：《宋高僧传》卷八，范祥雍点校，中华书局，第177页。
④ 《唐玉泉寺大通禅师碑铭（并序）》，《全唐文》卷二百三十一。

中更强调神秀大师的儒家标志，似乎更有意凸显神秀大师所具有的儒家文化前理解，而在僧传当中只是一笔带过。神秀大师这样的背景也正符合了唐代成功僧人的标准，儒家出身，修行精进，也许也正是因为如此，久视年中奉诏进京，被推为两京法主，三帝国师，甚至可以和皇帝同分一座。这实际上就明确表示了在唐代如何才是一名合格的僧人，前面列举的诸多例子其实也都是如此，没有深厚的儒学背景显然很难成为一名合格的僧人，甚至无法进入佛教。这样的例子还有武则天的族孙，碑铭中记载为云坦禅师，僧传中记载为灵坦①禅师，不仅家世根红苗正，并且七岁便童子及第，十三岁便开始步入仕途②，二十岁历太子通事舍人③，后来随父亲到洛阳听闻到菏泽寺的神会大师，于是舍了俗缘而出家，之后代宗皇帝赐号大悲禅师，一生圆满。这样的例子在有记载的唐代僧人传记或者墓志当中为数不少，在此无法一一列举，总而言之，在唐代，一位合格僧人的标准便是通儒，儒家文化的前理解既是僧人审视佛教无法跨越的视域，同时也是一个合格中国僧人的标准。

三 出家后补习儒学

儒家文化是唐代僧人进入佛教无法跨越的视域，同时如前述案例所示，精通儒家文化又是唐代合格僧人的标志。除了上述出家前即具备儒学功底的僧人案例，还有一类僧人，他们的案例虽很少见于唐代僧传或者墓志，但却非常具有代表性，案例虽然少却很能说明问题。这类僧人在出家前几乎没有接触过系统的儒学教育，却在出家之后又去补习儒家文化，儒佛兼修是这类僧人的特点。我认为这类僧人的案例虽然很少见于僧传与墓志，但在实际当中应该并不少见。僧传与墓志中之所以记载的少，是因为在僧传或者墓志中记载的僧人大多在出家前或多或少已经学习过儒家文化，因此出家之后是否还继续儒学的学习在记载上就显得没那么重要。因此这类僧人的案例在记载中所见比重很小，却与上述僧人的案例相反，能

---

① （宋）赞宁：《宋高僧传》卷十，范祥雍点校，中华书局，第224页。
② （宋）赞宁：《宋高僧传》卷十，范祥雍点校，中华书局，第224页。
③ 《扬州华林寺大悲禅师碑铭（并序）》，《全唐文》卷七百三十一。

有力地从相反的角度说明儒家文化对于唐代佛教僧人的重要性，更好地说明了儒家文化是唐代僧人无法跨越的视域，以至于在出家后还要补习儒家文化。有文字记载的案例少，之所以仍然具有说服力，是因为个案虽少，但在通儒这个特点上是具有普遍性的，只不过从不同的角度佐证了儒家文化前理解的不可跨越性，因此仍有较强的说服力。

最具代表性的要数唐代州五台山清凉寺澄观法师。法师11岁出家，在出家前未有文字明确记载其学习过儒学，刚出家时勤奋诵读《法华经》。14岁的时候才得度，因为唐代主要的政策是禁止私度，出家需要官方认可，所以法师11岁出家14岁方才得度。出家后的澄观法师一开始并没有想去学习儒学，只想精进修行佛教，"遍寻名山旁求秘藏"①，四处访学来充实自己。访学期间法师分别学习了律宗、三论宗，后来又跟着湛然法师学习天台止观以及法华维摩等经义，接着又去牛头山禅宗圣地学习南宗禅法，随后又研习了北宗禅法。法师这一路的成长，几乎学遍了唐代的佛教宗派理论。在完成了这一系列参学之后，如果只是立足一个佛教徒的身份来看，似乎已经非常圆满了，因为澄观法师的参学并不是简单的学习知识，而是将每一派的教义都融入于心并且融会贯通。但是法师并没有止步于此，他自己做了这样一个决定："于后得智中起俗念学世间技艺"②。而他所谓想学习的世间技艺中，当然最主要的就是儒家文化，经、传、子、史、小学等学问，以及印度的五明、秘咒等。暂且抛开印度五明与秘咒等不讲——因为这些毕竟是和佛教有亲缘关系的学问，释迦牟尼佛本身也是精通五明的——他补习的儒家文化在此就有了特殊的意义，一个在佛教领域已经学通各派的高僧，要返回来去补习儒家文化，从反面说明了儒家文化对于唐代僧人的必要性。当然了，唐代僧人所具有的前理解决定于他所出生并成长的环境，对于澄观法师来说，这个环境已经在先构成了他，因此儒家文化前理解对于唐代的大部分僧人来说是生来就被其构成的。但是澄观毕竟从小没有系统学习过儒家文化，因此他的事例就能更进一步说明儒家文化对于一名唐代僧人的重要性。单单是出生所具备的儒家文化前理

---

① （宋）赞宁：《宋高僧传》卷五，范祥雍点校，中华书局，第105页。
② （宋）赞宁：《宋高僧传》卷五，范祥雍点校，中华书局，第105页。

解已经不能满足唐代僧人走向成功的需要，他们若要成为名僧，就必须精通儒学。儒家文化不仅是他们审视并且走入佛教无法跨越的视域，同时也是他们走向成功的桥梁，一个不懂儒学的僧人至少在唐代是有缺憾的。

与此同时，澄观法师将儒家文化归入"后得智"这一佛教特有的智慧概念，也暗含了他儒佛兼修的一种倾向，这即说明了佛教在唐代与儒家文化"视域融合"的发展方向。在法师博综儒佛之后，法师开始渐渐入世，以其深厚的儒佛底蕴而进入国家译场译经，后来在为德宗讲法之后被赐号"清凉国师"。唐代僧传或者墓志当中有记载的僧人，大多有着良好的家世背景，而且唐代僧传与墓志有个较为普遍的特点，就是但凡这位僧人家世很好或者以其他方式涉儒，在文中一定会有所体现。但是看澄观大师的传记，除了交代大师俗家的姓氏，其他并未交代一字一句，由此可以推知大师也许家世并没有那么优秀，而且那个时期家世一般的孩子想要看书也并非易事，大师几乎所有的知识都是出家后所学。先通佛再补儒的修行进路，既说明了儒家文化是唐代僧人无法跨过的功课，同时也有代表性地展现了家世出身一般的僧人在唐代的奋斗轨迹。

唐京师西明寺的慧琳法师，生于西域的疏勒国，因此他出生时构成他的文化背景我们不得而知。慧琳法师是唐代密宗不空大师的弟子，主要在翻译方面成就比较大，但是从他的传记中可以看出，他也是一位补习儒家文化的僧人，"内持密藏，外究儒流"①，当然他这么做主要是为了译经。这从一个外国僧人的角度说明，佛教进入中国后想要推广开来，其经典一方面要用中国的语言文化表达出来，另一方面又不能使得佛教的核心教义面目全非，这就意味着儒佛之间视域融合的必然性，同时也意味着儒家文化前理解的不可跨越性，想推广佛教，就要推广中国人看得懂的佛教。而且作为一名外国僧人，僧传中强调他主要补习的是儒家文化，这一能说明儒家文化对于理解佛教的重要性，同时也说明了在唐人的前理解当中，儒家文化无疑占据着核心地位。此外还有那位唐初著名的法琳事件的主角法琳法师，法师与道教多次辩论并且丝毫不落下风，而且不畏强权，维护了佛教的尊严，因此被后人称为"护法菩萨"，他的传记也被放在《续高僧

---

① （宋）赞宁：《宋高僧传》卷五，范祥雍点校，中华书局，第108页。

传》的护法篇中。他之所以能如此成功地护法，除了对佛教本身的甚深修为，也与他深厚的儒道底蕴有直接关系。法师很小的时候就已经出家，但他没有因为出家就只学习佛教而舍弃世间文化，出家后的他仍然"游猎儒释"①，从这里看出他也是一位在出家后补习儒家文化的高僧，并且在今后的人生当中都是儒佛兼修。出家后在山林之中独自精进，白天对于佛教经典精进研读，晚上则遍览俗世经典，是一位学通儒佛道的高僧。隋朝大乱的时候，在示现上法师又舍掉法服并且蓄发多年，以或儒或道的面目显现于世间，以其深厚的儒道功底，同样慑服了很多道教徒。后在唐初与傅奕等反佛人士的斗争中屡屡获胜，最后虽因触犯龙颜而被流放，但其维护了佛教的尊严，并且其儒佛道兼修的学风也深深影响了后世佛教徒的修学走向，成为他们的榜样。

以上就是僧人儒家文化前理解的具体来源，他们无法跨越这样的前理解，故而在一生中表现出的行为也同样符合一个君子的所作所为。僧传或墓志当中记载也有些僧人虽没有在年轻时候具体学过儒家文化，但其行为时时体现出儒家文化前理解的影响，所作所为同样符合儒家文化的标准。

第二节　僧人前理解中的"孝"

在中国社会中，"孝道"无疑是一个很普遍的前理解，因为这个前理解是不存在门槛的，可以说是"被抛"的构成人的诸多因素中比较根本也是较为广泛的。无论是中国社会最底层的百姓还是上层的统治阶级，无论是没有任何文化基础的人还是博学鸿儒，一个不尊崇孝道的人无法立足中国社会，孝道作为最为根本的前理解可以说普遍性地"构成"了中国人。孝无疑也是儒家文化的核心概念之一，是一个兼理论与实践为一体的理念。笔者认为《论语》当中有一段关于孝的描述比较能体现孝的本质，就是《学而》篇中的"其为人也孝弟，而好犯上者，鲜矣；不好犯上，而好作乱者，未之有也。君子务本，本立而道生。孝弟也者，其为仁之本与？"这句关于孝的描述放在《论语》开篇第二句，足以说明这句话的重要性。

---

① （唐）道宣：《续高僧传（下）》，郭绍林点校，中华书局，2014，第951页。

这句话表达了两层含义，其一就是说一个符合孝道的人，必定是一个对朝廷尽忠的人，一个完全符合孝道的人是绝对不会犯上作乱的。也就是说，在儒家思想当中，在中国古代社会当中，忠孝其实是一体两面的，一纵一横共同结构着中国古代社会，忠是一条向上的线，孝是一条横向的线，忠就是对上级的孝，孝就是对父辈的忠。二者一体两面，形成了整个社会的向心力。其二就是说，孝是仁的基础，二程认为最根本的是仁，后半句应该理解为孝是达到仁的基础。不管怎么解释，后半句表示出孝与仁有着密不可分的关系。仁是儒家文化当中修身所能达到的一种很高的境界，而通往仁的道路或者说达到仁的根本，则是孝道。由此可见孝在儒家文化中，在中国古代社会当中的重要性。

唐代僧人的传记或者墓志当中体现出一个重要的特点，就是僧人孝道的外在表现，这无疑与与生俱来构成他们的儒家孝道前理解有着密不可分的关系。前理解是人审视这个世界的一种无法跨越的视域，是认识世界必不可少的工具，人不可能纯粹地去认识世界，认识新的事物，唯有前理解可以拉近人与被认识事物的距离。前理解就如同一副"有色眼镜"，且这副"有色眼镜"是天生的，当我们审视一个事物的时候，必然会染上眼镜本身所带的颜色，与此同时我们自己是意识不到的，因为有色眼镜所带的颜色本身在先地"构成"了我们，与我们本身不分彼此。正因为如此，文化的传播有了不同的形态，佛教的流行也有了不同的派别，当然这样的结论只是从哲学诠释学的角度去审视，本书也同样是戴着哲学诠释学的"有色眼镜"来看佛教中国化的问题，这不是独断论，只是看问题的一个视角，是去往问题本质的通路之一。

当唐代僧人用这个视域去审视佛教时，便随之形成了孝道的不同维度。所谓的维度，笔者认为就是以一个基本概念为基础所展开的不同层次。在世俗关系层面上，僧人虽然是出家人的身份，但仍然与自己的长辈保持着孝的关系。这些例子在唐代僧传与墓志当中为数不少，他们中有的为母守孝，尽一个为人子的义务；有的则将同是出家长辈的遗体长途跋涉背回故乡以便让其落叶归根；有的为父母建功德碑祈福；还有的在父母的葬礼上悲不自胜；也有为了延续香火而在结婚生子之后才出家等。上述涉及的是世俗层面上的与亲人的孝道关系，除此之外，在唐代最有特点的还有僧人孝道的另外一个层次，当他们把孝的前理解带入佛教时，体现出来的就是他们与自己师父之间的孝道关系。他们当中有的明确将师父比作自己的父亲，也有在师父的葬礼上以孝为名而大悲不已的，还有要求自己圆寂之后要葬在师父旁边的。这种父子关系超越了普通的师徒关系，这就是唐代僧人将孝道前理解带入佛教中形成的中国佛教的特点。

乍一看，孝道是与佛教的教义相矛盾的，按理说出家之后就应该摒弃俗缘而住于僻静之处精进修行。可是这对矛盾其实是建立在孝道与印度佛教之间的，如果只认为印度佛教才是唯一正确的佛教形态，那么这对矛盾便无法弥合。但是如果按照哲学诠释学的理论视角来看，佛教的展开与延续，这个任务最终要落在人的身上，这就必然会披上各种前理解的外衣。佛教在印度人那里有了印度佛教的维度，在中国这里也必将拥有中国佛教的维度，佛教在印度是出世而解脱，在中国也可以空而不忘忠孝。这一过程是佛教自身的展开，是佛教不同维度的显现。

一　对亲人之孝

在关于唐代僧人的记载中，常能看到对僧人儿时的描述，即"孝因天性"或者"标心孝道"。这样的评价无疑是唐代社会对一名合格佛教僧人的评价标准，即天生符合儒家孝道是进入佛教的一个门槛。反过来讲，一个合格的佛教徒一定具备了儒家的孝道，这其实就是彰显了佛教本有而未被展开的维度，看似是与佛教教义相矛盾，实则是佛教自身的展开。那么，对僧人童年这样的描述，看似是唐代社会对僧人的评价，看似是僧人儿时自身无意识的表现，但是从根本上来讲，所谓的"孝因天性"，这个天生的孝是中国儒家孝文化的前理解对一个僧人在先的构成，僧人出生在这个环境，这个环境中的一切文化就会在先地构成着僧人本身，外在体现则是僧人看似天生的孝道行为。比如唐代的贵道比丘，典籍对其评价是"义则由衷，孝因天性"①，孝与义这二重的儒家文化前理解在先构成了贵道比丘，他用这个视域来审视自己与师父之间的关系，为了报师父的恩德

---

① 吴钢主编《全唐文补遗（第二辑）》，三秦出版社，1995，第 15 页。

而尽心劳力地办好师父的身后事，为师父建造面南的影堂，将师父生前的样貌描绘得威仪如生，供后人纪念。这个行为无疑与他的孝道前理解有着分不开的关系，这种孝道的另一个维度，后文会结合史料详细分析。

（一）崇空而不失其孝

这个题目源于记载僧人的史料，这句评价可以说是僧人孝道前理解与佛教自然相结合的总论，之所以放在这里阐述，因为这个评价出自僧人对亲人的孝道表现，因此虽为总论却于此论述。具体记载于唐代一位叫王庆的儒士的墓志，墓志的题目称王庆为"处士"，这是一个很高的评价，"处士"一词意味着大隐隐于市的高人，这样的人一般德行高洁，学识广博，虽有这样的大才却不愿意入世而甘愿避世慎独自处。王庆就是一个这样的人，他笃信儒学，有颜孔之风度，随着才学的不断积累，名声也传扬出去，因而被迫入世。后被王室看中而入京，他悲叹地说，名声越来越高，神却受其牵累，只有身处卑位才能保得圆满。这样的描述又有道家意味，应该与其祖上遵黄老之术有关，由此可见前理解对一个人的影响。一位笃信儒学的高士，在一句发自内心的悲叹当中不由自主地用道家语言进行表达，他的一生也践行了道家的避世风格。

王庆有四个儿子，其中四子慎贞是一位出家僧人，墓志当中说他"仕释为沙门"[1]，这本身就是一句有着儒家意味的描述，就好像在说他的四儿子是佛陀的臣子，给佛陀工作，这样的描述其实已经把对佛教之忠的这个维度映射出来了，也就是"忠"的前理解的不同维度。在父亲去世后，慎贞"遗形自丧"[2]，笔者认为这个描述有两层意思，其一是感恩父亲给了他这个身体，身体发肤由父母所授，儒家认为这个是大恩，因此要尽孝。其二就是根据字面意思，慎贞悲伤到了极点，不顾自己的身体，恨不得跟着父亲离去。总之这句话表达了慎贞极度悲伤的心情。按照对于佛教的传统理解，既然已经出家修行，对世间的情感本不该这么执着，但中国佛教由于儒家文化前理解的影响，恰恰形成了这样的佛教形态，如同后面两句对

---

① 周绍良主编《唐代墓志汇编》，上海古籍出版社，1992，第 1226 页。
② 周绍良主编《唐代墓志汇编》，上海古籍出版社，1992，第 1226 页。

于慎贞的评价，可谓是描述唐代僧人，描述中国佛教的点睛之笔，即"崇空而不失其孝，割爱而不忘其哀"①。这两句评价实际上已经说明了唐代中国佛教"视域融合"的本质，空和孝是并行不悖的，空并不是一切都不要，可以说孝恰恰包含在空的境界之中，是由空而显现的一种中国式的维度。这句话既表达了空不失孝，实际上反过来也说得通，即孝亦不失空。空与孝各是佛教与儒家文化的核心要素之一，二者自然而然地融合，互属维度而不失去各自的核心，这种融合正是中国佛教的内核所在。

在父母去世后悲伤至极以表孝道的例子在唐代墓志当中还有不少，如曾任辅国大将军的一位米府君，因其先祖为西域米国人，且其为已故的有身份的人，所以墓志题目称其为米府君。在其本人的生平中已强调了他的忠孝之心。在他身后留有两个儿子，其中小儿子是位出家僧人，法号思圆。对于父亲的去世，他"号慕绝浆，哀毁过礼，攀思罔极，闷擗崩心"②。这个描写非常形象，大声哭喊，忘记了吃喝，思念其父到了极点，使劲捶打着自己的胸口，这种悲伤的程度已经越过了礼仪应有的限度。从这个描述中可以看到两层意思，其一无疑表达了思圆对父亲无尽的孝思，其二是一层暗含的意思，他悲伤得已经越过礼仪的界限，这里面透着一种后悔的情绪在里面，后悔没能多在父亲身边尽孝，同时也表现了儒佛之间将融未融的一种张力。思圆内心可能认为入了佛门便不能再对俗世的父亲有过多怀恋，但其孝的前理解又在抵抗着这一想法，从他的行为中可以感受到这种张力的存在，前理解其实已经在先地规定好了中国佛教的样式，只是僧人在当下并未意识到这个在先的规定。

此外，崔昭的墓志中，他的儿子出家人惠晖在父亲去世后也是"痛深寒泉，泣伤坟陇"③，悲痛得心如寒冰，在父亲的墓旁悲伤哭泣。在王府君墓志中记载，在他去世后，他身为出家人的儿子更是"逐于灵车"④，追着灵车不肯离去，一个"逐"字就形象地表达了他对父亲的孝。唐代一位叫李宏（字文秀）的上柱国将军，从官名可以看出他是一位被授予荣誉功勋

①　周绍良主编《唐代墓志汇编》，上海古籍出版社，1992，第1226页。
②　周绍良、赵超主编《唐代墓志汇编续集》，上海古籍出版社，2001，第796页。
③　周绍良主编《唐代墓志汇编》，上海古籍出版社，1992，第1789页。
④　周绍良主编《唐代墓志汇编》，上海古籍出版社，1992，第1865页。

的唐代官吏，"上柱国"表明了他可能是一位"勋官"。他身后有三个儿子，其中第三子是一位出家人，在父亲去世之后悲痛得方寸大乱，不知如何是好，对于其父亲的丧葬安排，三个儿子看似已经悲痛得失去了判断力，去求助于占卜"卜兆玄龟"。①类似的例子在唐代墓志中不难见到，僧人之悲源于孝道前理解，一则明表孝道，二则暗含悔恨，虽然僧人可能心中还有矛盾，但是中国佛教的形式本身却已经在先地引导着佛教发展的趋势，这一趋势通过僧人的行为而显现出来，那就是空而不失孝。

（二）孝在佛道分歧之先

海德格尔认为人的本质就在于其"被抛"的状态，也就是说人出生所在的环境，这个环境包括物质环境与文化环境等一切因素，这一切因素就是人的本质所在，构成了人本身。因为人不可能"纯粹"地存在，没有一个剥离了一切因素而纯粹存在的干净的人，一切人都被其被抛入的环境所构成。这个基点构成了人理解周围事物的视域，人们以这个在先被给予的视域为基础来展开自己的世界，推进自己的人生，筹划着未来的一切。每个人刚降生的时候都是一个充满各种可能性的境域，他们以这个在先被给予的视域为基点来不断展开自己。这个先在的视域就是每个人的"前理解"，当然每个人由于所出生环境的差异，其前理解也各有不同，也因此走向了不同的人生道路而成为不同身份、不同认知的个体。但作为在同一国家，同一民族生活的群体，他们总有一些前理解是普遍性的，普遍性的前理解使得他们有着作为同一群体相似的一面，可归类的一面。特殊性的前理解又使得他们在普遍性的前提下各自走上了不同的人生道路。

在唐代而言，这个普遍性构成人们的前理解就是"孝"。就人们的身份而言，无论是唐代的僧人、道士、商人、官吏，他们首先是一个身处唐代的中国人。虽然为了生存与发展，为了争取以儒家为治国理念的统治者的支持而明争暗斗，但是在实际生活中却是另外一种景象，毕竟实际的生活往往"自然而然"并且走在时代之先。

唐代有一位女道，生前是永穆观的观主，俗姓能。她的墓志将其描述

---

① 周绍良主编《唐代墓志汇编》，上海古籍出版社，1992，第1869页。

为一位得道之人，她的身世比较显赫，墓志当中清晰显著地给出了她祖上的朝廷官员身份，可见其有儒家文化的背景。至少在佛道两教之中，儒家文化背景可谓是一个成功的僧人或者道士的重要标准之一，也从侧面表明了儒家文化前理解至少是唐代社会的具有普遍性的核心前理解。这位女道的曾祖是刺史并且被赐太子太保，祖父既是礼部尚书也任职过节度使，父亲也是光禄大夫，在唐代是从三品官员。她身后有两个儿子，次子是一位虔诚的佛教徒。母亲与儿子的身份反差使得这个案例因为存在的张力而变得有意义。佛道之间本身的矛盾在此时被儒家文化的孝道前理解所统一起来，这就是笔者前文所述的，普遍性前理解使得一个群体有了凝聚力，特殊的前理解又使得这个群体内部有着离心力，二者形成了一种张力。她的次子处愿在此时"泣血茹荼"①，这个词表达了极致的悲痛，就是那种深深的悲痛全部都埋在了心里，心里像撕开了一样在流血。这时候孝道的前理解早已超越了身份之间的矛盾而弥合了这一切，墓志所表达的纯粹是一个儿子对母亲无尽的孝思，僧人与道士这样的后天身份就这么自然而然地在鲜活实际的生活中被儒家文化的前理解统合起来。

（三）舍尘舍身难舍亲

佛教在自身的展开过程中虽然说显现为各种不同的形式，比如印度模式与中国模式等，但是在这些模式当中始终贯穿着佛教本身的核心理念，那就是其内含有出离心、菩提心与空性等核心要素在内的"出世性"内核。破掉执着，至少内心破掉对世间的执着，是走向解脱彼岸必不可少的一环。一个真正信仰佛教的佛教徒既然选择了放弃世俗生活而出家为僧，其目的必然是想走向解脱之路。但是唐代孝道前理解，这个根本构成唐代僧人的本土视域，对唐代僧人审视佛教的解脱观，无疑产生了很深的影响。孝道与解脱这两种文化的核心理念确实也让唐代的僧人内心产生了一种痛苦的感受，一种来自内心的挣扎。他们可以舍掉俗世，可以舍掉自己在世间的种种受用，却唯独难舍亲情。对亲情的重视程度与执着程度看似与解脱相违背，但是二者的协调与融合恰恰就是中国佛教的特点，那就是

---

①　周绍良、赵超主编《唐代墓志汇编续集》，上海古籍出版社，2001，第902页。

回答了"如何入世地解脱"？前文已述，僧人在亲人去世的时候表现出来的过度悲伤一方面说明了僧人的孝道，另一方面也暗含了一种僧人无法尽孝的隐隐悔恨。明确表达出这样情感的具体事例在笔者所见的唐代僧人记载中并不多，但是非常具有代表性。

说起对亲情的无法割舍，海顺法师的例子是笔者看到的记载僧人孝道前理解与佛教之间张力最清晰的案例。海顺法师生于贫苦人家，但是生得容貌伟岸、声音洪亮、异于常人。父亲过世很早，海顺法师自幼与母亲孤居，因家境贫寒，母子二人相依为命，在这种环境下成长起来，与母亲的感情可想而知。在僧传当中没有儒学背景的僧人，往往会突出其天生的君子形象，并且天生孝道，海顺法师也不例外，僧传中说他的孝道非由老师教育而得，言下之意就是"孝自天性"。而且他的出家因缘也没有其他唐代僧人那么传奇，至少在记载上他出家仅是因为家里非常贫困，无法满足法师读书的渴望。在唐代，出身贫苦的人想要读书是难度很大的，寺院恰恰又相当于一座免费的图书馆，故此唐代的贫苦书生也往往与佛教有着不解的因缘。唐代佛教也正因为这个原因，为寒门学子提供了一条独特的入世通道。海顺法师最初也是因为这个而进入寺院，不过他不是为了考取功名而在寺院读书，是直接出家，并且师从当时的名僧道逊法师，道逊法师在当时的儒佛两界都有着较高的声望，出家之后海顺法师精进修学的事例自不必说。

后来海顺法师在与神素法师的交往当中表达过自己非常渴望解脱的心情。他感叹自己多生累劫都沉沦在轮回当中不能解脱，"对此凡缘，未能出有欲河"①，说到此处还哽咽流泪，而后他接着表达，如今难得人身已得，并且已经遇到善知识，实在是没有什么遗憾的了。通过他的表达可以看出海顺法师对于解脱轮回的渴望，他为了解脱似乎一切都可以舍弃。然而在海顺法师临终之前，他自知病重不能痊愈，在遗言中却表达了另外的深深牵挂。他说，自己所拥有的这个躯体是不净的，能够舍掉非常的欣喜，但是"顾惟老母，宿缘业重，今想不得亲别矣。若弃骸余处，倘来无

---

① （唐）道宣：《续高僧传（中）》，郭绍林点校，中华书局，2014，第442页。

所见，有致煎熬……顺虽不孝……可侧枢相待"①。法师年轻的时候毅然决然辞亲出家，此时要离开这个世界了，马上就要解脱了，却唯独对母亲如此牵挂，这除了法师自身对母亲的孝思，无疑也表达了法师对未能尽孝的无尽悔恨，圆寂之前还在思忖着如果把自己埋在别处，恐怕死后甚至来世再也见不到母亲，实在是痛苦，生不能尽孝，死去也希望能将遗骸埋在母亲旁边，永生陪伴。法师心中浓重的情感，以及心中的那种矛盾痛苦之情，在他的遗言当中都表达了出来。孝与空之间的这种张力，也恰恰是佛教在唐代所要解决的时代问题。

（四）尽孝之后才出尘

年轻时辞亲出家抛下自己的母亲毅然决然，到生命的最后一刻海顺法师则表现出深深的牵挂与悔恨。唐代还有一类僧人，他们的案例与海顺法师恰恰相反，他们虽然在青年时就已经立下了出尘之志，但他们选择了隐忍在心中，在行为上则以尽孝为先，结婚生子孝顺父母，待这一切完成后则遁入空门，一则尽了孝道不负父母养育之恩，二则圆满了自己想要解脱轮回的志向。因此在他们生命的最后一刻，至少在记载上也没有表现出矛盾与悔恨。

相较海顺法师苍白的贫寒家世，净住寺的智悟律师家世要好得多，秦朝以后才世居彭城，父亲为下邽县令。律师"纯孝自然，博雅天纵"②，这表达了律师的孝道是天生的，自然而然的，这是唐代僧人记录中常见的表达，实则是孝道前理解对他人格的构成。他在年轻的时候就已经深悟这个世界的梦幻本质，对于周围的一切并不是那么感兴趣，他认为世间官爵只是一种枷锁，钱财富贵如同尘埃，这种表现显然已经显现出出家的倾向。其父对此非常不满，"上迫父命，强为婚媾，晚岁归道"③。父亲对他采取了强硬措施，逼着他结婚生子，也可以说是逼着他尽孝。但是从"上迫父命"这四个字来看，律师迫于父亲的压力，内心虽有矛盾，但是并没有反

---

① （唐）道宣：《续高僧传（中）》，郭绍林点校，中华书局，2014，第445页。
② 周绍良主编《唐代墓志汇编》，上海古籍出版社，1992，第1780页。
③ 周绍良主编《唐代墓志汇编》，上海古籍出版社，1992，第1780页。

抗，依然尽了自己的孝道，比起海顺法师而言他的行为温和了很多。但是造成这样不同结果的原因也与二位法师的家境差异有关，海顺法师家境贫寒，可束缚他的力量并不大；智悟律师则不同，他的家世本身也使他的选择具有了必然性。但无论如何，孝道前理解都是影响智悟律师选择的核心要素，海顺法师的选择虽然决绝，但晚年的悔恨无疑也是受到了孝道前理解的深刻影响。只是孝道前理解对两位法师的影响方式与阶段不同。律师对尽孝虽然没有遗憾，但是年轻时的经历无疑使他感受到在修持佛法方面的遗憾，于是他晚年出家后选择了持律，长期的持律让他的身体每况愈下，积劳成疾，终究离开人世。但从他的墓志上可以感受到出家的日子让他平静而幸福，生而尽孝死而解脱，无有遗憾。身后四子也都供职于朝廷，光耀门楣。

崇福法师与智悟律师在态度上正好相反，崇福法师也是在很年轻的时候就已经志向于解脱，心向出家。但是不同于智悟律师家里的强大压力，崇福法师是自己琢磨的，他觉得父母给了自己这个身体，要是这么平白无故的就出家了，实在是对不起父母，好像父母这么多年的养育之恩就白忙活了。他觉得应该先报答了父母的养育之恩再说，因为"先宗不嗣，罪莫大焉"①。这显然是受到了儒家孝道观的影响，身为人子必须延续子嗣才能称得上是报答父母。中国文化中很少提及像来世这样的终极意义的范畴，因为中国人是用血脉的传承来替代了来世的观念，故有"不孝有三，无后为大"之说，最不孝的就是没有为家族延续香火，意味着家族的断灭。法师无疑是受到了这个观念的影响，而且影响很深，最终的状态是"受之以妻子，无忘于梵行"②。在为家里传宗接代之后，毅然出家，无有遗憾。

在海顺法师的例子当中可以看出，传统的佛教修行观念与儒家文化的孝道前理解之间的张力还是非常大的，这体现在僧人的心理状态上，尤其是海顺法师圆寂之前的一番话，无论是谁听了都会感同身受，如此强的感染力说明了法师内心的矛盾与难过。这其实也说明了在内心的潜意识里，海顺法师还是将佛教的修行与儒家的孝道在一定程度上对立了起来，二者

---

① 赵超主编《新编续补历代高僧传》，社会科学文献出版社，2011，第32页。
② 赵超主编《新编续补历代高僧传》，社会科学文献出版社，2011，第32页。

只可存在其一，要修行就不能要父母亲人，要父母亲人就无法修行，他也许存在着这样的观念。而智悟律师与崇福法师的案例则实际上解决了海顺法师所体现出来的张力，将佛教的修行与儒家的伦理很好地统合了起来，彰显了中国佛教的内核，体现了佛教在中国的展开样式。崇福法师的“受之以妻子，无忘于梵行”，很好地将儒家伦理与佛教修行进行了协调与融合。这种融合是自然而然的表现，佛教必然以这样的形式显现于中国，两位法师的案例也充分体现了唐代中国佛教“崇空而不失其孝”的内核。

（五）报答亲人的两类孝行

前述已经列举并分析过亲人去世后僧人极度悲伤的情感表现，除此之外，唐代僧人对去世的亲人还有具体的、有浓重儒家特色的报答方式，这些方式已经超出了单纯的悲伤情感，达到了践行儒家丧俗的程度。大云寺有一位嘉运法师，他有一个侄子叫元晞，同样是一位出家人。在嘉运禅师圆寂之后，他的侄子并没有表现出超越理性的悲伤，没有哭得泣血，也没有追着叔叔的灵柩跑，他非常理性。他以儒家文化前理解来审视这件事，认为他的叔叔出家之后常年背井离乡，实属一位游子，在生命走到尽头之前最想做的事情自然是叶落归根，回到自己的家乡才能踏实。他认为叔叔客死他乡，想要让他灵魂安息的同时尽到自己的孝道，最好的方式就是把叔叔的遗骨带回家乡，于是他不畏路途艰辛，“申哀展孝，收骨归乡”①。不仅如此，他还连同嘉运法师生前的弟子寺僧等人，一起为法师寻找建塔写铭之艺人，也正是因为元晞的这份坚定的孝心，才能让如今的我们看到嘉运法师的生平事迹，供后世瞻仰。

唐代著名的法现法师是一位以神异为特点而记入史料的。母亲在怀着他的时候，自然而然就吃素不荤，儿时玩沙子的时候，别的孩子都玩得乱七八糟，法现法师则堆起了佛塔，就连出家之后他的法名法显，也是突然显现的一赤面神僧所赐，后因为避中宗讳而改名法现，他的一生都与神异相关。但至少从史料记载中，并没有发现法现法师儿时或者出家后学习过儒家文化，但这并不妨碍儒家孝道前理解对他的影响，因为前理解的根本

① 赵超主编《新编续补历代高僧传》，社会科学文献出版社，2011，第38页。

来源是出生之初所构成其视域的周围环境，因此在他的一生中仍然表现出对母亲的深深孝道。碑铭中记载了他尽孝的两件事，这两件事同样也与神异有关。其一是在给母亲预修墓地时，他看准一块风水宝地，但是有一块巨石阻碍了修墓，此时法师的坚定心意感召来了神人将巨石凿穿，"殆非人功"①。第二件事是在其母去世后，法师同样并没有表现出超出理性的悲伤行为，他很理性地贯彻了儒家的孝行，从对他行为的描述中我们可以深深地体会到法师掩藏在心底的悲痛，"师庐于坟所，遂经二载，形体臞瘠，仅能识者"②。他的悲伤完全默默体现在了行为当中，在母亲墓旁结了草庐守孝，这一守就是两年，形体消瘦得厉害，甚至很少有人能认出他。从他外观的变化程度不难看出，法师的悲痛已经让他废寝忘食，可能他的这种孝行再次感动了神人，为他献来了牛乳供养。

以上两位法师的例子是在亲人去世后践行儒家文化，一则身为出家人的侄子将同为出家人的叔叔的遗骨收敛归乡，以安其在天之灵。一则身为人子以为母亲守孝的方式来寄托对母亲的孝思。他们都是以儒家礼仪的形式来对亲人尽孝。还有一类僧人，孝道前理解对他们的构成方式是在思想上一定要尽孝，但在行为方式上，他们用的是佛教的方式对父母尽孝，这可以说是儒佛融合的另外一种方式，即以佛教的行为达到儒。以上的僧人行为属于"佛教儒行"，而下面这些僧人的行为则一定程度上可以称为"儒学佛行"，前者是以佛教本身的展开为本体视角，后者则是以儒家文化的自身展开为本体视角，这也可以说是儒家孝道新维度的展开。

唐代的光涌禅师，7 岁开始学习儒家文化，诗书礼乐，一学就通达了所有，就好像以前早就学过一样，13 岁开始学习佛教，同样也好像生来就知道一样。出家时为他剃度的是石亭禅师，当时每有求学者来拜访石亭禅师，禅师都会有一个固定的问题，即"你来拜访我，那你看我像不像驴？"很多人无法对答，光涌禅师则对答如流，他回答说，我看您也不像佛。石亭反问，那我像什么？石亭回答道，如果您真的像个什么的话，那您和驴还有什么区别。石亭禅师认为光涌禅师的回答已经断除了所有执着，20 年

---

① 《大唐蕲州龙兴寺故法现大禅师碑铭》，《全唐文》卷三百四。
② 赵超主编《新编续补历代高僧传》，社会科学文献出版社，2011，第 43 页。

来只有这一个回答境界最深，于是印证光涌禅师开悟。从这件事情上可以看出，用世俗的话来讲，石亭禅师对光涌禅师有知遇之恩，于是在石亭禅师圆寂之时，光涌禅师以此为缘起而表达孝行，"燃第三指以报法，又燃第四指以报亲"①。塔铭上对这件事的评价是"不群之事"，说明这种尽孝方式在当时并不主流。燃指，或者说血肉供养，这无疑是佛教修法独有的一种方式。法师燃自己的两指，一则报答了师父的知遇之恩，二则报答了父母的生育之恩，用佛教的方式达到了孝道的目的。父母当时对他出家的支持，相信光涌禅师是非常感激且内疚的。

僧人为父母国家造佛像祈祷尽孝也是唐代僧人记载中较为常见的行为。造佛像或者立功德碑等行为，也是佛教中独有的积累福报且利益众生的修行方式，并且简单易行，但是记载这类僧人的史料大多也非常简单，常常是一两句话带过，这也从一个侧面反映出这样的尽孝行为可能多出现在底层僧人群体当中，这类僧人的生平事迹并不足以进入唐代僧人的传记，对于他们的记载只能出现在造像或者立碑的题字上。比如一位法号思亮的出家人与他的徒弟一起为"七代父母"②造福，当然这是颇具佛教特色的尽孝方式，范围较为宽广，这是报答前生轮回中的父母恩情的广大孝行。还有唐代一位出家僧人法号知道③，他为母亲造佛像祈福尽孝，这位僧人的祈福对象则比较明确，指明了对象是自己的母亲。除了上述方式，还有为父母诵经尽孝以报答恩情的，一位姓韩字文英的唐代高洁之士，从墓志中可以看出他是一位儒佛道皆通的有道之士。他有一个儿子是大云寺的僧人，法号道生，对他的评价同样是那句常见的"孝惟天予"，在他的父亲韩君去世之后，他也并没有非理性的激动行为，而是发愿"永诵报恩之偈"④，用诵经的功德回向去世的父亲，以这种佛教独有的方式，在三世轮回的广阔范围内为父亲积累福德，报答养育之恩。

除了以上的孝行，史料中也有父母病重期间，身为人子的僧人照料父母的例子，只是笔者掌握的涉儒僧人的史料中这类僧人的案例比较少，但

① 《仰山光涌长老塔铭》，《全唐文》卷八百七十。
② 吴钢主编《全唐文补遗（第七辑）》，三秦出版社，2000，第480页。
③ 《沙门知道题字》，《八琼室金石补正》卷三十三。
④ 周绍良主编《唐代墓志汇编》，上海古籍出版社，1992，第1106页。

是笔者相信这些绝不是个别现象。比如唐代的一位李姓官吏，墓志称其为府君，可见他也是一位德行高洁之士，官位并不高，溪州大乡县的主簿。在他病重期间，其子僧人弘振连同其他兄弟，一直侍奉在旁，"躬勤孝养……将保遐寿"①。他们诚心尽孝希望能让父亲活得久一些，但父亲不久后便辞世了，墓志中将他们描述得悲伤至极，但在父亲还活着的时候亲自侍奉父亲，对弘振来说也算是一种莫大的安慰了。

二　对师父之孝

前理解是人的视域、视野所向，所理解到的东西无不披着前理解的外衣。因此，唐代僧人无疑会用孝道前理解来审视生活中以长幼来区分的亲密关系，这里最为突出的就是唐代僧人与他们师父之间的关系。僧人大多幼年出家，师父无论在他们的生活中还是修行中都是唯一可以依靠的长辈，从这个角度来讲，师父在一定程度上弥补了僧人因幼年出家而造成的父母缺失。加之孝道前理解对僧人的构成，因此唐代僧人往往以父子或者母子关系来审视自己同师父之间的关系，这即是僧人孝道前理解的第二种维度，也就是孝师。但是徒弟将师父视若父母，这只是这个维度的一方面，还有另一方面，那就是师父对徒弟的审视。师父们同样是唐代僧人，他们也同样为孝道前理解构成，他们一生往往没有自己的亲儿子，因此一旦得到一位可堪法器的弟子，便免不了心生喜爱，对自己得意弟子的照顾无微不至，就如同自己的亲生儿子一样，在生活上如同母亲一样照顾弟子，在佛法上像父亲一样督促劝学。因此，综合这两方面，唐代佛教的师徒关系由于孝道前理解的联结与渲染，就表现为另类的父母与子女的关系，门徒尽孝，为师尽慈，恩情深厚。

（一）　敬师如父母

唐代荷恩寺著名的常一法师被赐谥号法律禅师，他一生为国尽忠，是一位受统治者肯定的唐代高僧。法律禅师圆寂后他的弟子们以思偘为代

---

① 周绍良、赵超主编《唐代墓志汇编续集》，上海古籍出版社，2001，第942页。

表，"若丧所天，因心而泣，无违孝敬"①。这是常一法师墓志当中有关他弟子们的描述。师父的离去对于弟子们来说就像天塌下来一样，弟子们发自内心地悲伤哭泣，这样的行为完全符合孝道的标准。孔子曾感叹："礼云礼云，玉帛云乎哉？"这句话表示了"礼"真正的内涵并不是表面文章与形式主义，最重要的是发自内心的诚敬与情感，常一法师的弟子们完全符合这个标准，体现了孝道的内涵。

翟县善财寺的文荡法师，他有个得意门生法号八智，八智法师在生命的最后时光，在一次对他的弟子训诫的时候明确表达了他的师父就是他的父亲这样的观点。八智法师对弟子深情表示，他从儿时就已经出家为僧，一直都在侍奉自己的师父文荡，"和上（尚）者则我慈父，生我法身"②。这实际上糅杂了八智法师的两种感情，其一是在生活中，这种感情实际上已经情同父子，在他的心里师父实际上就是他的养育之父；其二是在出世间的修行上，师父虽然与他的生身没有血缘上的关系，但是却给了他法身，给了他脱胎换骨如同再生般的解脱境界，从这个意义上来讲，师父又可谓他的再生父母，甚至可以形容为生身之父。在八智的心里，师父这个身份实际上比他的生身父母恩德更广，情感也更深，这就是孝道前理解使得八智以这样的视域来审视师父与他的关系，反而使得中国佛教中的师徒关系多了一种父子的维度，或者说应该是在佛教师徒关系中本有而在中国才显现出来的维度。佛教的传统教法认为应当将师父视作真实的佛陀，这样做可以在实际的修行中得到佛陀的真实加持而迅速成就。然而从八智的例子中可以看出，他认为师父给了他法身，这个符合佛教本身视师如佛的教法，但是由于孝道前理解对八智本身的深刻构成，使得他又将父子这层关系以及父子之间深刻的情感带入了佛教本有的第一层师徒关系的维度，并且与之很好地协调与融合，展现了中国佛教的内核与新的维度。在这之后，八智法师还给门人留下了遗训，告诉他们要将自己遗骨埋在师父的下方，他发愿生生世世都皈依师父，这种师徒之情无疑包含了父子之情又超越了单纯的父子之情。

---

① 周绍良主编《唐代墓志汇编》，上海古籍出版社，1992，第 1774 页。
② 赵超主编《新编续补历代高僧传》，社会科学文献出版社，2011，第 40 页。

杨岐甄叔禅师在圆寂之前就显现出种种瑞相,按理说作为弟子应该感到欣慰,因为师父完成了世间的任务,可以安于解脱之境,这显然与世俗人去世的悲惨境遇完全不同。但其弟子仍然悲痛至极,碑铭中记载"门弟子如父母逝"①,弟子们对师父离去的悲伤完全等同于自己的生身父母去世,那种失去了依怙的恐慌,未能尽孝的遗憾,对师父生前慈爱的留恋,杂糅在一起,折磨着弟子们的心。前述家世儒宗的部分曾经分析过,净域寺的法藏禅师是一位家世比较显赫的出家人,他78岁在寺中圆寂,他的弟子们"若丧考妣"②,这个描述非常立体,能让读到这些文字的我们迅速体会到僧人对师父的情感,所谓的"考妣"就是父亲与母亲,门人对于师父的去世就像自己的亲生父母去世一样。他们手足无措地互相哀问:"师父离开了,我们该怎么办?"悲伤至极,真的像还未长大的孩子失去父母的庇护一样可怜。记载中的描述如同父母双亲去世一般,如果单单是师父一个人去世,完全可以比喻成父亲去世,在这里为什么比作如同逝去父母双亲呢?笔者认为此处杂糅着两种情感,在徒弟心里,师父的身份其实替代了俗世父母二人的职责,一般来讲,母亲负责抚养与照顾孩子的生活,父亲负责在学问等方面来教导孩子;而师父恰恰兼具了两种职能,传道授业的同时还要尽到照顾生活的职责。在下文关于惠果和尚的记载中,则以文字的形式明确表明了这一点,之所以兼具两种职能,可以说是师徒同时以孝道前理解的视域来审视彼此关系的结果。

(二) 爱徒如亲子

前述的案例是徒弟由于孝道前理解的影响,将父母与子女这一层关系维度带入与自己师父的关系维度。僧人以孝道前理解的视域来审视自己与师父的关系,将师父视为父母,既有拔救轮回之恩,又有抚养照顾之恩。但是孝道作为唐代中国的一种普遍意义上的前理解,是几乎构成着每一个人的,徒弟被孝道前理解构成,对师父行孝亲之礼。"孝"并不是一种单向的感情,晚辈对长辈的敬爱当然可以直接称为"孝",长辈同时也受孝

---

① 《杨岐山甄叔大师碑铭》,《全唐文》卷九百一十九。
② 周绍良主编《唐代墓志汇编》,上海古籍出版社,1992,第1179页。

道前理解的构成，在长辈那里则表现为"慈"，师父以孝道前理解的视域来审视自己同爱徒之间的关系，自然会把徒弟视为亲子，以此来尽到父母应该做到的"慈"。徒弟将师父视为父母而尽孝，师父将爱徒看作亲子而尽慈，这两种感情一起统摄于儒家文化的孝道前理解之中。

汉地密宗大致兴起于玄宗时期，两位密教大师善无畏与金刚智分别进入中原弘法，其中金刚智还被玄宗封为了国师。金刚智有一位著名的弟子，就是唐代密教大师不空。惠果和尚按照辈分，严格来讲应该算是不空的徒孙辈。惠果幼年出家开始是拜大照禅师为师父的，大照禅师则是不空的入室弟子。但是之后不久，惠果仍在幼年的时候，有一次随着师父去见了不空大师，不空大师一眼望去即非常惊讶，暗中对惠果说，看来我的教法将来要由你兴起了。这显然是对惠果的极高评价。从这次会面之后，似乎不空就亲自来教育惠果了，此时的惠果也相当于是不空的弟子。不空对惠果"既而视之如父，抚之如母"①，这个描述其实就可以解释前述的一个问题，为什么师父明明只是一个人，却比喻为是徒弟的父母二人。不空以两种情感来审视这位爱徒，一方面像父亲看待儿子一样，这是严格的一面，教导惠果学业；另一方面像母亲抚养儿子一样照顾惠果，这又是慈祥的一面，是生活上的无微不至。孝道前理解对师父的影响，使得师父对徒弟在传统的师徒关系层面上又多了一份父母般的慈爱。

（三）建塔以彰孝道

在佛教内部，徒弟们对师父尽孝道，除了儒家特色的孝行，当然也有佛教本身的传统尽孝方式，那就是为圆寂的师父建塔来收归遗骨，供后人瞻仰。在师父去世后，徒弟们聚在一起为师父做这最后一点孝行，没有超越理性的悲痛，也没有繁复的仪式，把悲伤放在心里，把对师父的敬爱寄托于塔中以示永恒。

嵩山有一位净藏大师，他是一位禅宗的大德，在 72 岁的时候示现圆寂，坐化往生，由此看出净藏大师是一位得道高僧。他在圆寂后，以弟子慧云、智祥为代表的僧俗弟子两众都非常悲痛，哀伤与怀恋的心情交杂在

① 吴钢主编《全唐文补遗（第五辑）》，三秦出版社，1998，第 4 页。

心中。为了表达对师恩的报答，"勒铭建塔……标心孝道"①。同时，在塔铭中又重申了建塔与表达孝道之间的关系，"门人至孝，建塔灵山"②，也就是说僧人对师父孝道最极致的表达，就是以佛教的方式为师父建塔。

惠海法师是一位受到朝廷认可并且自身有着很高修行境界的大法师，65 岁坐化往生。圆寂之后，他的弟子惟峰等僧众悲伤得肝胆俱裂、泪流不止。他们觉得师父的去世让自己的世界变得一片黑暗，如同漫漫长夜，使他们不知前进的方向，只能望着师父的遗体哀伤恍惚。但是他们并没有因为过于悲伤而毁掉孝礼，悲伤的同时更应该为师父尽到身为弟子的最后一点孝行。塔铭中对弟子行为的描述形象而细致，他们为了安葬自己的恩师，将自己仅有的财产都花在了师父的后事料理上，穷尽了自己的一切，仅"罄以衣资"③这四个字就足以表达弟子们的孝心，这完全就相当于亲生儿子的行为，甚至亲生儿子也不见得能做得到。用这些钱财，弟子找来了能工巧匠为师父建塔，还通过风水之士找到了风水好的名山来安葬师父。塔铭中同时也明确指出了为师父立塔的根本原因，即"匪其塔也，何以表师资之孝诚"④。"师资"代表着弟子们对自己的谦称，《道德经》中有"善人不善人之师，不善人善人之资"的说法，徒弟们用这个词自称，既表现了师父的境界之高，同时也表达了师父对于弟子的重要性。

明演禅师前文已述，是一位儒生功名出身的出家人，年轻时其儒学底蕴就已经相当深厚。他的弟子分布很广，在不同的寺院修行。在他 69 岁圆寂之后，以智德、宝灯等僧人为代表的弟子们"因心起孝"⑤，因为大家内心当中都充满着对师父的孝心，这份孝心在大家那里表现为理性的行为，他们并没有过于悲痛非理性的表现，而是大家聚在一起商量，商量的最终结果则是为师父建塔，原因则是"不建塔碣以旌盛德"⑥。也就是说，建塔的目的是彰显师父的德行，这个德行包括了师父对弟子的恩德与师父自身

① 周绍良主编《唐代墓志汇编》，上海古籍出版社，1992，第 1598 页。
② 周绍良主编《唐代墓志汇编》，上海古籍出版社，1992，第 1598 页。
③ 周绍良主编《唐代墓志汇编》，上海古籍出版社，1992，第 2004 页。
④ 周绍良主编《唐代墓志汇编》，上海古籍出版社，1992，第 2004 页。
⑤ 赵超主编《新编续补历代高僧传》，社会科学文献出版社，2011，第 138 页。
⑥ 赵超主编《新编续补历代高僧传》，社会科学文献出版社，2011，第 138 页。

的德行。

从以上的例子可以看出，在佛教内部，徒弟们表达孝道的一个标志性行为就是为圆寂的师父建塔。从记载中可以显示，徒弟们建塔的缘起都是因为孝心，建塔的目的则有三个，即表达徒弟们的孝心、彰显师父的德行、以供后人纪念，其中前两个是建塔的主要目的。

第三节　僧人前理解中的"忠"

中国古代社会除了孝，还有一个仅次于孝道前理解的普遍性前理解在构成着人们，那就是"忠"。"忠"同时也是儒家文化的另一个核心，它本身也是一个立体的、多层次的概念。它有一个原始的意义维度，《说文解字注》中对"忠"的解释是"尽心为忠"，这应该就是忠的早期意义，代表着为人处世的一种真诚态度，表示着人与人之间相处时要无私并且尽心，把自己向这个世界敞开，这样就能拥有整个世界。如果有私心杂念，那就不能称为真正的忠。这个原始的意义维度在《论语》当中也有过明确的定义。《论语》中记载，孔子有一次对弟子曾参说，我所传的众多道理中，其实有一个贯穿始终的核心理念，曾参点头称是。师徒之间的这次对话很像佛教禅宗师徒的印心之语，师徒间通过看似无意义实则暗藏深意的对话来心心相印，道法于是得以传承，徒弟的境界也得以印证。曾参回答完毕，出门后周围的同学不解地问他这个核心的理念到底是什么，曾参的回答指出这个理念就是老师的忠恕之道。这就指出了忠的原始意义维度，就是"立己"，先清净自己，以尽心敞开的态度来投入世界、面向人际，恕是忠的向外辐射，也就是"达人"。先通过忠来清净自己的私欲，然后在干净的内心中体会自己愿意做与不愿意做的事情，推到别人身上，就是"己所不欲勿施于人"，人人都这样做，就能够达到全社会的和谐与统一。

在此基础上，《论语》中还定义了忠的下一层意思，那就是向上维度的忠君。曾参认为，作为君子我们每个人每天都应该反省三件事，其中的一件事就是"为人谋而不忠乎"，即在为人办事的过程中，有没有尽心竭力，是否是全心全意为了别人，这便有了向上的维度。孔子对此也有着详细的分析，即"君使臣以礼，臣事君以忠"，这就明确表达了忠君的意味。因此，忠的前理解是纵向结构着中国古代社会。忠与孝其实就是一种情感的两种不同表达方式，忠就是孝的全面展开，孝同时也是每一个家庭中的忠，孝在广度上凝聚着社会，忠则是在深度上使得全社会有了一种向心力。忠与孝两种情感可以说是中国古代社会核心的前理解，它们使中国得以区别于其他文明而独立存在，并且虽然身躯庞大却能灵活运转。

前已有述，唐代的僧人身为中国人的基础，就是被忠孝的前理解普遍构成，由此才区别于中国以外的文明而有了中国人这个定义。既然忠的前理解在先构成着僧人，那么僧人也必将会用这个前理解构成的视域来审视自己与周围一切的关系。于是，忠在僧人那里也生成了不同的维度，最直接的就是僧人直接为国出力尽忠，这样的案例在唐代僧人的记载中并不少见。

僧人还有一些其他的表现，笔者认为也是受到忠的前理解的影响，只是没有那么直接。比如僧人与士大夫之间的频繁交往，其实就是僧人忠的前理解的一种折射，这无疑是僧人忠君前理解在内心的一种无意识情感的外显。前理解往往是在人意识不到的情况下起作用，这就是人们看问题的视域——自以为客观，其实无不充斥着前理解。僧人受其影响，自然会与士大夫阶层亲近，因为他们首先也是以这种君子的标准来审视自己的。除此之外，僧人也会将这样的前理解视域带入对佛教本身的审视，那就是护法的行为，护法就是对佛教的忠，对佛陀的忠诚。僧人忠的行为也往往同时具备这两种维度，比如玄奘法师与不空大师，他们对国家的忠诚同时也暗含着对佛教的忠诚，只有忠于国家，佛教才能平稳发展。因此，僧人忠的前理解是在为国尽忠这个基本的维度上逐一展开的，本节围绕这个问题并结合史料来详细分析。

一 一颗忠心圆满两重身份

忠君的前理解对于唐代僧人的影响，其中最为基础也是最为直接的维度，就是僧人通过自身的影响力直接参与国家政事，直截了当地为国出力。在笔者所看到的唐代僧人的记载中，这种情况往往出现在国家处于战争状态时，此时僧人往往通过个人的影响力来为国家的军队募集军饷，或者直接以法力来祈祷前方战事胜利并且维护皇室安全。从记载中来看，僧人的这些表现应该是出于忠君的真诚之心，忠的前理解对唐代僧人的构成使他们在国家有难时能够挺身而出，护国护民、忠君爱国与拯救苍生这两种不同的儒佛伦理维度在此时得到了统一，儒家的"忠"多了救度众生的维度，佛教的伦理也多了忠君爱国的维度。当然，对于双方来说，这并非是新的维度，而是本有却未被彰显的维度，是儒佛双方在唐代的展开。与此同时，僧人在为国尽忠的同时，也因其功绩而进一步促进了佛教的稳固发展，为国家尽忠的同时也尽了佛门的忠。一种忠的情感，在目的上统合了救国与救民，僧人本身来讲，则统合了效忠于朝廷与尽忠于佛门的双重身份。

前面说到僧人孝道时，曾提到有一句很能概括僧人孝道的总结，即"崇空而不失其孝"。同样，在唐代史料当中，对于僧人的忠君表现，也有一句相当精辟的总结，具有统合儒道的味道，很好地点出了僧人忠心的特点。唐代的一位二品上柱国康宾的墓志中记载，他在 60 岁的时候离开了人世，墓志中记载他有兄弟六人，也是各有各的命运，有的去世，有的散居他处，对六兄弟的情况只是一笔带过。唯独强调了他的第四个兄弟，一位法名叫惠观的出家人，之所以强调他，可能也是因为他世袭了祖上的寿阳开国公的爵位，对他的描述是"内勤释教，忠于事君，道俗志成"[1]。也就是说，惠观在精进修持佛法的同时也忠君爱国，二者相互协调，俗不碍圣，圣也不碍俗，都非常圆满。这一描述可以从他的案例中抽离出来，概括唐代僧人在忠君前理解的视域中，如何对佛教与世俗关系进行审视。僧人以忠君的前理解审视世俗与佛教，其实并不矛盾，这一种情感统合了僧人的两种身份，忠君爱国与忠于佛教都系在一个"忠"上，僧人只是以这个最基本的视域来面对自己的几重身份。

僧人以自己的影响力直接帮助国家走出困境，神会禅师是唐代最为典型的人物之一，他的事迹也广为后人熟知。在安史之乱发生后，大将郭子仪受命平定叛乱，但是当时由于藩镇割据的长期积弊，国家财政出现了严

---

[1] 周绍良主编《唐代墓志汇编》，上海古籍出版社，1992，第 1270 页。

重困难，军队的粮草资具严重短缺，情况非常紧急。此时神会禅师挺身而出，利用自身在信众中的影响力为国家筹集资金，数次召开无遮大会激荡国民士气的同时募集国民的捐赠，他的行为解了国家的燃眉之急，直接推动了郭子仪平叛的成功进行，僧传中对其行为的评价是"会之济用颇有力焉"①。神会禅师在一种尽忠的情感中其实是同时圆满他的两种身份职责，他首先是一位唐人，他的行为无疑是忠君爱国的典范，同时他也是一位佛教僧人，他的行为赢得了国家的信任，自此以后他的弘法一帆风顺，慧能派的禅宗也在唐代动乱之后成了中国佛教的核心代表。在这个意义上来说，维护佛教发展与忠君爱国两种看似不同的维度，在此统一协调起来。

　　还有一个典型的案例就是前文孝道部分提到的常一法师，法师的父辈以上都在朝廷任职，可以说是家世儒宗，虽然没有明确提到法师研习过儒家文化，但是儒家文化前理解对他的影响可以从其忠君爱国之行中体现无疑。常一法师同样是肃宗朝的名僧，他的忠君爱国的行为与神会大师类似。平定"安史之乱"的过程中，肃宗去北部巡视军队，当时常一法师是皇帝的随行之一。与神会大师相似，常一法师屡次筹集军队所需衣马，对正义之师鼎力相助，墓志对其的评价是"虽非手执干戈，岂异躬卫社稷"②。也就是说，法师的这种忠君爱国的心情与前线将士并没有什么区别，唯一的不同就是没有手拿武器亲自上阵了，这句对常一法师的评价表明了常一法师已经做到了身为僧人而忠君爱国的极致。除了在物质上资助朝廷军队，常一法师还用佛教的方式来为国修法祈福，并且显现了种种祥瑞。在法师病重的时候，为他看病的是皇室御医，法师去世之后，皇帝对其评价是"师久修八政，历事三朝，至行淳深，精勤不替"③，"八政"是统治者管理国家时的八个主要方面，有不同的官员来处理这些政事。皇帝对法师的这个评价，就好像是对一位三朝宰相、朝廷重臣的肯定与怀念。法师尽忠爱国，在国家管理的方方面面都竭尽所能，并且自身的修行也达到了六根断灭的境界，世间与出世间法圆融不二，皆得圆满。另外，僧传

---

① （宋）赞宁：《宋高僧传》卷八，范祥雍点校，中华书局，第 180 页。
② 周绍良主编《唐代墓志汇编》，上海古籍出版社，1992，第 1774 页。
③ 周绍良主编《唐代墓志汇编》，上海古籍出版社，1992，第 1774 页。

当中对法师的记载与墓志中的表达略有不同，表现了更多细节，但都旨在表现法师的忠君爱国之心，僧传更侧重法师以神通护国的特点，比如预测未来、圆寂后仍然在梦中护持皇帝的健康等，还记载了法师在皇帝北巡之前就在远处恭迎的行为，较之墓志的记载更为多彩与感性。

唐代的明远大师是当时统管徐泗濠三州的一位僧官，管理三州的僧尼以及相关事务。大师幼年七岁即出家，出家后主要修习律宗。大师所在的泗地开元寺由于地势较低，每年遇到多雨多水的季节就会有洪涝灾害。在百姓与国家遭受损失之际，大师挺身而出，他和当地的郡守寻找到适合的地点"创避水僧坊"①，这个避水之地非常大，门廊厅堂厨厩一共 200 间，明远大师与当地郡守的这个贡献，使当地民众以及僧人都能无伤于水患而保得平安。按道理来讲，帮助老百姓赈灾并摆脱灾祸困扰这样的事理应是国家的职责范围，应该由政府来承办，但是明远大师在此时挺身而出，为了当地的百姓与僧众主动承担起了本该由国家主办的事务。如果从世俗的眼光来审视大师，他俨然就是一位心怀百姓的公仆，一位忠君爱国的父母官，这无疑也是儒家忠君前理解对他的深刻影响。明远大师的这份忠，既利益了国家百姓，又保全了当地僧众安全，于国尽忠，于教尽忠，无愧于一位圆满世与出世二法的唐代高僧。

前文有述不空大师在对待得意弟子时如父母般的慈爱，在为国尽忠方面，他也如同一位国家的股肱之臣，为护佑皇室与保卫国家而鞠躬尽瘁。与前述两位尽忠高僧相同的是，不空大师在为国尽忠的同时也在不失时机地为佛教尽忠，一种感情圆满两种身份。但与前两者不同的是，不空大师除了身体力行的尽忠，还在理论与宣传层面来说明佛教与忠君爱国之间的协调性，旨在弥合二者的矛盾，论证两者的圆融不二。不空大师是一位密教高僧，他为国尽忠的主要行为就是通过密法来为国家的一些具体事情祈祷，比如以密法助王师获胜，为国境内出现的一些不祥之兆及灾祸来祈祷消灾。他最重要的特点是在理论和舆论上论证忠君爱国与佛教本身的协调与不二。佛教的意义维度很多，不空着重强调了佛教本身对于国家的护佑

---

① 《大唐泗洲开元寺临坛律德徐濠泗三州僧正明远大师塔碑铭（并序）》，《全唐文》卷六百七十八。

作用，这一点与皇室本身的利益无疑是一致的。他还致力于强调皇帝与佛陀的圆融不二，出世间法以佛陀为本体，世间法中皇帝即是佛陀的代表。①在实际的弘法过程中，不空大师都要着意强调这是为了国家的利益，很少强调佛教的利益。他为国尽忠是真，为教尽忠也是真，表面上避开矛盾锋芒，将佛教为国尽忠的维度当作自己的"招牌"，暗中则在不遗余力地巩固与发展佛教。在做完一件为国尽忠的事情后，总是为佛教要求一些利益，以非常柔和的方式把为国尽忠与为教尽忠二者"神不知鬼不觉"地协调了起来。

二　建塔造像祈福尽忠

前述的僧人案例主要是僧人直接参与国家的政事，当国家有难的时候，他们身为僧人能挺身而出，忠君爱国之情在此时显露无遗，忠君前理解对他们的构成也在这个时候显现出来。除此之外，唐代还有一类僧人，他们的思想与行为相对保守，他们在显现上将思想与行为本分地守在佛教的范围内，但儒家忠君前理解对他们的普遍构成又让他们下意识地抱有一颗忠君爱国之心，于是他们采取了一种折中的行为来表达，那就是在佛教的范围内，用修建佛塔或者功德碑的方式来为君亲祈福，这样既没有超出佛教的范围，同时又表达了自己的忠君之心，可谓圆满。同时，这些佛教修功德的行为也因此而增加了"忠"的维度，是佛教在此时的展开样式，儒家的尽忠方式也同样多了一种佛教的祈福方法。

在这方面最为典型的例子要数弥陀寺的承远和尚。与很多唐代高僧的经历相似，他幼时学习儒家文化，但并不愉快，总觉得儒家文化束缚了自己，内心隐隐觉得不满意，可又不知道该怎么办。后来遇到了一位信仰佛教的人，在一番交谈之后，他才终于解开了心头的迷雾，于是落发出家，拜访了许多高僧，不断进行学习。后来有一位叫法照的高僧在定中看到了阿弥陀佛座下有一位老比丘，一问方知这位老僧正是承远和尚，从对法照的这个记载来看，这位承远和尚无疑是一位净土宗的证悟得道高僧。在这件事后，法照也成了承远和尚的弟子，后来法照名声越

---

① 〔美〕斯坦利·威斯坦因：《唐代佛教》，张煜译，上海古籍出版社，2015，第88页。

来越大，奉诏觐见了皇帝并且进入了皇家内道场，此时他并没有忘记师父的恩德，于是向皇帝奏陈了师父的事迹，皇帝听后也很感动，发愿护持高僧，对承远所在的寺院降下很多恩泽。在此时，正是这位对儒家文化并没有什么好感的承远和尚，却做出了忠君爱国的佛事活动，"建不坏之塔，以寿君亲；修无边之功，以福邦国"①。他建造了一座功德塔，以此功德来祈祷皇帝与亲人能长寿健康，同时也要以修法的功德来造福于自己的国家，寿君亲与福邦国，二者合起来就是承远和尚的忠君爱国之情。他虽然对儒家文化并没有那么崇尚，甚至可以说没有好感，但是从他的行为可以看出，儒家文化的忠君前理解无疑潜移默化地构成了他，无论一个人是否喜欢他所在环境的本土文化，他都会在先地被这些文化所构成。即使反感这些文化，在生活中也会表现出这些文化对其的影响，因为这些文化已经在先构成了一个人的视域，而讨厌这种文化的情感则是在后天形成的。这就如同被父母抛弃的孩子，这个孩子可能非常恨他的亲生父母，但在潜意识里却又很渴望得到父母的爱，因为渴望父母之爱作为一种天性而在先构成了他，在今后的生活中他会不断返回这个在先构成他的前理解，以这个视域来审视自己所遇到的情感问题，儒家文化前理解之于唐代僧人的作用，与此同理。碑铭中对承远和尚的行为这样点评："梵王之能事毕矣，法门之荣观备矣"②，笔者认为这句话暗示着和尚的世间与出世间法在此时皆得圆满，既效忠了国家，又荣耀了佛门，这是作为一名僧人所能做到的极致。

在唐代社会中，还有一些没有被记载入高僧队伍的僧人，他们也以自己的一片忠心用佛教的方式为君亲祈福。这些没有详细记载的僧人更像是唐代众多普通僧众的缩影，他们也许没有惊天动地的一生，但他们与那些载入史册的唐代高僧一样，同样被儒家文化的忠孝前理解所深深影响，以自己看似微小的方式来造福君亲。每当看到这些简短平淡的记载，仿佛真的看到了那些质朴的僧人，怀着对国家的忠，对亲人的孝，肃静地站在他们所造的佛像面前真诚地祈福。一位法号九定的僧人和他的几位同修，在

① 《南岳弥陀寺承远和尚碑》，《全唐文》卷六百三十。
② 《南岳弥陀寺承远和尚碑》，《全唐文》卷六百三十。

唐先天二年（713）九月十二日，为"皇帝皇后，师僧父母"①，造了阿弥陀佛像一尊，可以想象这尊佛像对于九定和他同修们的意义，虽然出家，却尽着自己所能做的一切来报答父母与国家。唐代法行寺的僧人昙遇造佛像，祈祷"皇帝圣化永安"②。僧人顺贞③与他的同修们为一位曾经在他们所在的山门修行50余载的慧颐禅师造了一座塔，祈福的对象则以皇帝为首位，次则师僧父母与一切亡灵，既表达了忠，又表达了孝，同时兼具僧人应该具备的菩提心，一座塔寄托了三种情感。唐代西京海法寺的僧人惠简造了弥勒佛像以及其他的不同佛像，他的祈福对象则非常明确，集中在忠君的范围，他主要是为了整个皇室，包括皇帝皇后，以及太子和诸位王爷，首先希望皇帝能够圣化无穷，其次则希望太子与诸位王爷"福延万代"④，可以说僧人惠简完全是出自一片忠心，用佛教的方式在为皇家祈福。

忠君与孝亲前理解对僧人的构成，使得佛教在中国的展开显现出了新的维度。儒家的伦理文化往往都有着具体的对象，然后从这个对象出发来向更大的人群去扩展，因此儒家文化的前理解就使得佛教本身的菩提心多了一种具体化的有层次感的维度。唐代僧人在修法祈福的过程中，至少在上述的案例里，是以君、亲、众生这样的一个顺序来祈祷的，这明显是佛教在中国展开的、以中国文化的方式显现出来的样式。佛教在中国新的维度并非是为佛教安上了一个本来没有的东西，而是佛教本身隐而未显的维度，佛教在历史中展开的过程必定将显现出不同的新维度，与此同时，佛教本身还是佛教，不会因为新维度的展开而失去核心理念。

三　"梦"是僧人尽忠之纽带

在关于唐代僧人的记载中还有一个有意思的现象，就是僧人在梦中与皇帝或者士大夫的结缘，而且这样的记载在关于僧人的传记中时常可以看

① 吴钢主编《全唐文补遗（第七辑）》，三秦出版社，2000，第485页。
② 吴钢主编《全唐文补遗（第七辑）》，三秦出版社，2000，第215页。
③ 吴钢主编《全唐文补遗（第七辑）》，三秦出版社，2000，第216页。
④ 吴钢主编《全唐文补遗（第七辑）》，三秦出版社，2000，第476页。

到，这类记载可能试图说明一些不能明确表达出来的事实。在上述僧人忠君爱国的案例中，高僧多是通过自身不断努力或者因为师出名门而被统治者所知晓以至于重用。接下来这一部分要分析的是以另一种方式与统治者结缘而尽忠君爱国之心的案例，从世俗分别念的角度来看，这部分案例无不是充满着神异的色彩，高僧们往往因为进入了皇帝的梦境而被皇帝重用，步入唐代高僧的行列，在这之前他们往往不那么为人所熟知。在此不考虑宗教当中的神圣因素，单是从世俗角度来看，这样的记载无疑有着隐喻在其中。僧人就算通过梦境这种神异的方式，也要与统治者接上关系，这暗示了唐代可称为"合格"的中国高僧的一大标准，即一定要得到统治者的认可，这就是这类记载所暗示的问题。包括前述的僧人案例在内，可以说至少在唐代，一名合格的高僧一定是与儒家文化有密不可分的关系，要么出家前就与儒家文化有渊源，要么本身具备孝道，要么就是忠君爱国，与统治者士大夫有密不可分的关系等，这些条件可以说是唐代成为一名合格僧人的标准与门槛。一言以蔽之，首先是君子，其次是高僧，双重身份却圆融不二。

从记载中可见，怀恽法师是一位净土宗的大德，他祖上均是国家公职人员，但并没有提到他父亲的身份。法师天生聪明慈悲，母亲怀着他的时候自然而然就不想吃肉，幼年时候的法师就表现出不同于一般孩子的行为，比如点燃树叶好似燃香，玩沙子堆出了佛塔，但是法师却好像一直没有继续发展的机会。当时唐高宗皇帝一直虚心求贤，从记载上看可谓非常真诚，也许是这份求贤的诚心感动了神明，在总章元年的时候高宗突然"梦睹法师"[①]，高宗显然非常相信这个神启，于是诚恳地找到法师，并且亲自授予他官服，希望他为国效力。但此时的法师坚决拒绝了当官的请求，他希望能出家为僧，正是这个神启式的因缘，法师得以出家。后来武则天当政时期，法师更是受到了前所未有的重视，武后总是将贵重珍宝供养法师所在的寺院。最后法师圆寂后，被朝廷赐号隆阐大法师，一生可谓圆满。这里有一点值得重视，法师能够出家的缘起是高宗的招贤纳士之心，这暗示了是皇帝想要得到忠臣的诚心而感得了夜梦法师，通过这样一

---

① 《实际寺故寺主怀恽奉敕赠隆阐大法师碑铭（并序）》，《全唐文》卷九百一十六。

件事，实际上已经赋予了法师成为唐代高僧的重要条件，即忠君。

楚金禅师，是唐代后期著名的禅宗大德之一，他的出身不太清晰，只是知道父亲姓程，母亲姓高，由此可见，禅师可能是一位出身平民家庭的高僧。他的诞生同样也与梦境有关，他的母亲怀着他的时候夜晚梦见了诸佛菩萨，于是生下了禅师，因此碑铭中将他誉为法王之子。而他的佛教修行境界也好像是天生带来的一样，幼年时候就有很深的造诣。这位平民出身的高僧在 40 岁的时候突然出现在皇帝的梦中，皇帝在梦中"上睹法名，下见金字，诘朝使问"①，皇帝梦中清晰看到了禅师的法名，第二天早晨一起床就赶紧询问这位高人是谁，可见皇帝很激动，对这个梦境非常重视。一问才知道，这位来自民间的楚金禅师的名声已经非常响亮。因为梦境这个因缘，禅师开始走入了唐代统治者的视野，并成为官方肯定的高僧。自此以后，楚金禅师弘法事业非常顺利，建寺造塔度僧，并且在皇宫中弘法，妃嫔也向禅师跪拜，由此可见统治者对禅师的充分认可，禅师的所有资具受用也由国家负担。禅师在 62 岁圆寂，碑铭中将其比作释门之亚圣，这一评价是仅次于释迦祖师的圣人，相当于藏传佛教的莲花生大士被称为邬金第二佛陀，是一种极高的评价与肯定。从世俗分别念的视角来看，禅师之所以能流芳百世并且弘法事业如此顺利，无疑与皇帝的梦境紧密相关。

唐代的大义禅师可能也是一位平民出身的高僧，对于其家世只提到他姓徐，母亲怀孕的时候同样是自然不食荤腥，关于他家世的记载仅此而已。与僧传中记载的大多平民出身的僧人一样，在家世一般的情况下，僧人往往幼年就天资奇高，大义禅师自然也不例外，他童年就落发出家，头顶上现出了异骨，从中国古代相学的理论来看，所谓"头上无贱骨"，由此可以暗示禅师的未来必定不同于凡人。又是通过梦，不过这次不是皇帝直接梦见，而是当时的皇家禁卫军的统领霍公在大师来的当天晚上所梦。第二天他赶紧去慈恩寺求证，发现果然与梦中一样，于是"表闻为内道场供奉大德"②，因为这个因缘，禅师一下子就跻身皇家认可的高僧行列，并

---

① 《楚金禅师碑》，《全唐文》卷九百一十六。
② 《兴福寺内道场供奉大德大义禅师碑铭》，《全唐文》卷七百一十五。

且在皇宫中传法。当时还是太子的顺宗皇帝对禅师十分看重，常常去问法，禅师的回答也往往契合太子的心，后来被顺宗重视。由此也可以隐约看出，唐代高僧的标准之一便是要与统治者有所关联，得到他们的肯定，对于出身一般的高僧，以神异的方式来与统治者结缘，就成为一个很必要的方式。

还有一个有趣的案例与上述正好相反，这回不是皇帝士大夫梦见僧人，而是僧人梦见了士大夫，同样暗示了僧人希望得到士大夫阶层认可的这种心情。神悟禅师的家人都信奉儒学，但父辈等人的身份并未记载，由此可以推知禅师的家世中等，他自己幼年也是一位书生，生了一场怪病而后被高僧授以忏法而治愈，以此因缘在后来受戒出家。有一天半夜，禅师梦见一位山神对他说，自己是隋朝故去的曹世宗[1]，活着的时候是贵族诸侯，现在希望永远皈依禅师。这虽然是一个梦境，并且是一位故去的士大夫以山神的身份对禅师的皈依，但这个梦也可以折射出士大夫阶层对于禅师的认可，至少在禅师的塔铭中，并没有明确记载禅师与皇室有过关联，因此这个梦境就有了重要的象征性意义。禅师圆寂之后，塔铭中将其比作君子，作者认为自古以来有德的君子，去世之后其德行一定是要被记载下来的，"遗德不书，吾谁仰则"，禅师的塔铭并不长，而与士大夫的结缘则占去了很大一部分，由此可见这件事情对于唐代僧人的重要性。

四　"忠"的其他表现形式

人往往会将自己的前理解在无意识的状态中带入自己生活的各种关系，因此前理解就会在这些复杂的关系中形成不同的意义维度，这些关系同时也会染上前理解的特殊颜色从而形成一个族群独特的文化特点。僧人忠的前理解形成了僧人的视域，僧人以这个视域来审视自身的一切关系范畴，因此忠的前理解在这些关系中也就形成了不同的维度。比如僧人若将忠的前理解带入自己与佛教之间的这段关系，就使得护法有了忠的意味，从僧人本身来看，他们对佛法的维护实际上就杂糅了一种对佛教的忠诚之心，在这层关系上，忠于释迦祖师就如同忠于君主，同样统摄于忠的前

---

[1]　《唐石圯山故大禅师塔铭（并序）》，《全唐文》卷九百一十七。

理解。

对于佛教里忠的维度特点，僧人忠君前理解的效果，在《大唐金刚般若石经记》中有着几句精辟的总结。首先，佛教的尽忠在一个更加广大的范围，是对传统认知上的尽忠的补充，"刑赏之内，权衡制之；刑赏之外，我法绥之"①，这就是说在国家赏罚范围之内的事情，这是世间法范畴内，佛教不会干预，由国家权力机关来处理则非常的合适。但是总有一些事情是有形的刑赏所达不到的地方，这些事情会由佛教来抚平，这就是佛教尽忠的特点，即在一个更广大的范围内于无形中保国安民。其次，在尽忠效果上，则"事无绩而有忠，功不伐而多义"②，这对于僧人的忠君情感和行为就有了一个明确而显形的定位，僧人的忠不再模棱两可，直接定义了僧人的忠是什么。而且这种忠可能在效果上并不会得到什么来自人们的认可与夸奖，但是却无不符合真正的道义。这篇经记由僧人所撰，全文中前半部分纪念般若石经的建造者唐代的景融大师，后半部分则论述了僧人的出家修行与尽忠完全并行不悖，甚至有过之而无不及。文中也叙述了他写这些的目的，他认为作为僧人看似没有忠君孝亲这些情感与行为，所以他要写下这些来说明僧人实则完全具备了这些，只是方式不同，无形之中则符合儒家的忠孝文化。其实若从哲学诠释学的观点来看，使得佛教具有忠孝维度的根本原因在于唐代僧人所具有的儒家忠孝文化的前理解，有了这个在先的视域，僧人的心也必定会向着这个方向。

僧人以忠的前理解为视域来审视自己同周围一切的关系，这样便带给了周围的一切以忠的新维度，除了上述案例，还有其他三方面的特点需要总结补充与说明。

（一）僧人与士大夫的关系问题

在唐代僧人的史料记载当中，僧人与士大夫之间的互敬、互慕、互助等事迹是非常普遍的。这无疑也是僧人忠的前理解所带给唐代中国佛教的一个特点，僧人以忠的前理解来审视自己同士大夫之间的关系，将忠的情

---

① 《大唐金刚般若石经记》，《全唐文》卷九百一十六。
② 《大唐金刚般若石经记》，《全唐文》卷九百一十六。

感带入其中。在僧人眼中，自己的身份与德行同士大夫并无二致。尽忠在儒家的文化范围内，似乎是只有君子才能具有的高尚德行，唐代士大夫们无疑是君子中的代表，而唐代僧人大多也都是精通儒家文化的，他们受到儒家文化前理解的深刻构成，无疑与士大夫阶层有一种"通感"，不同的身份由同一种基础的情感联结，僧人从内心的情感来讲是将忠的情感寄托或者说倾泻在自己同士大夫的关系中，与此同时士大夫阶层由于与僧人的心心相印，也非常乐于同僧人交往。这就是僧人同士大夫紧密联系的根本原因，即以儒家文化前理解为基础来统摄二者之间的关系。具体的案例有很多，笔者在硕士学位论文《唐代涉儒僧人研究》中有着比较详细的列举，同时类似的研究也很多，因此在这里不再一一列举，只举一例来补充说明，这个例子中明确表达了僧人与士大夫交往的深层次原因。

唐代的上宏禅师是一位忠孝具足的僧人，记载上并没有体现其祖上是否涉儒，但从他的行为当中无疑可以看出儒家文化前理解对他的深刻构成。他在受戒之后选择要隶属的寺院时，因为怀恋自己的由之出生的故土，所以"不去父母之邦"①，他的选择并没有离开自己的故土，这里就有了一种"父母在，不远游"的孝道情感在其中，禅师在这里以热爱故土为理由而委婉地表达出来。但是他在选择了隶属家乡寺院后，又马上离家，他认为求法修道不应该有所羁绊，于是四处云游。禅师这样的行为无疑是先尽了孝道，感恩生养他的父母与家乡，之后便"好男儿志在四方"，开始奉行佛教出家而无家的理念。这些行为无疑体现了孝道前理解对他的影响。与此同时，他也非常热衷同士大夫的交往，他同当时著名的士大夫颜真卿等人的关系都非常好，原因则是"佛法属王臣故"②。这里的"属"并不是隶属或者属于的意思，这个"属"在古代与"嘱"是通假字，笔者认为更为确切的意思应该是"嘱托""相连"之意。僧人与士大夫之间的交往是因为佛教需要王臣的庇护与弘扬，佛法要嘱托给世间的统治阶层来发展，这是儒释交往的原因。这句话其实就将忠君爱国与出家修行之间，入世与出世之间联系了起来，协调了起来。忠君是入世的维度，出家是出

---

① 《唐抚州景（缺）寺故律大德上宏和尚石塔碑铭（并序）》，《全唐文》卷六百七十八。
② 《唐抚州景（缺）寺故律大德上宏和尚石塔碑铭（并序）》，《全唐文》卷六百七十八。

世的维度，在这里形成了视域的融合。僧人忠于国家、与士大夫交往，以及教化帝王等行为，在此刻就具有了出世的意味，忠于统治者的同时其实就是在忠于佛教，忠于自己的僧人身份，以入世之行来换取佛教更长远的发展，让更多人能享受佛法的甘露。儒家文化前理解虽然使得僧人发自内心地忠君爱国，却也使得他们发自内心地忠释爱教，一种情感圆满两种身份。

（二）僧人对佛门的"忠"

前文有述僧人在忠君爱国的同时实际上就是在忠于佛教，这只是其一。还有另外一层直接的表现那就是僧人的护法行为，如同唐代僧人直接投入国家事务当中来尽忠一样，僧人的护法行为也是对佛教忠诚的一种直接的行为表现。唐代僧人的护法案例同样在笔者的硕士学位论文《唐代涉儒僧人研究》中做了较为详细的展现，在这里对具体的案例不再赘述。唐初的法琳大师，以及被玄奘法师特别看重的慧净法师，慧净法师虽然在《续高僧传》中被载入译经篇，但是在他的记载里着重展现的却是法师的护法行为，在辩论中不断地挫败来自道教与儒家的攻击。唐代僧人的护法行为在一定程度上也受到了儒家文化忠的前理解的影响，因为忠孝的前理解毕竟在先构成着他们，因此使得他们的护法行为多了忠的维度在其中。下面以一个例子作为补充说明，里面的语言则在一定程度上佐证了中国佛教护法行为中所具备的"忠"的新维度，这个维度无疑由僧人儒家文化前理解而来。

唐代的智如律师是当时的东都十大德之首，能够列入十大德的僧人无疑是唐代僧人的榜样，德高望重且得到官方的认可。律师的家世并没有详细的记载，一般来说这样的僧人可能家世一般，家世一般的僧人又往往在记载中显得生而神明。智如大师也不例外，他在儿时便老成持重，生而严守五戒。记载中虽然没有直接显示他驳斥外道的类似慧净法师那样的护法行为，但是对他一生的概括则暗示了他护法的功德，他在调伏众生的过程中，"使疑者信，惰者勤，增上慢者退"。① 了解佛教的人一看便知，大师

---

① 《东都十律大德长圣善寺钵塔院主智如和尚荼毗幢记》，《全唐文》卷六百七十六。

调伏这三类人实际上就是在护法，对佛教质疑的人，懒惰散漫的人则是对佛教信解不够，增上慢的人则往往因为我执太重或者对佛理闻思不够进而轻视甚至攻击佛教，这三类人往往都是给佛教带来危机的人，真正的信众与真正的无缘者一般都不会对佛教造成障碍。智如律师对这三类人进行调伏，过程中也一定包括了类似慧净法师那样的行为。记载中还称律师"提智慧剑……降内外魔"①，这就直接说明了智如律师是一位护法大德。

　　描述智如律师的生平，是为了说明他的护法特征，而记载中对律师一生的总结，无疑体现了律师对佛门的忠的维度，也就是护法行为的忠的特点，即"凛乎佛庭之直臣，郁郁乎僧坛之大将者也"②。这一句就点出了僧人对于佛门的忠，直臣实际上就是在说忠臣，而且还是敢于直谏，大义凛然的那种忠臣。将僧人比作佛门的忠臣与僧人中的将才，形象而贴切地说明了僧人对于佛教的忠的维度，同时也佐证了儒家文化前理解对于中国僧人与佛教关系的重构，使得护法行为在中国有了新的维度。

（三）对统治阶层儒式的教化

　　唐代有不少名僧由于自身的德行广播而得到统治阶层的青睐，从而有机会与他们进行深入接触，甚至可以到皇宫里的内道场来进行讲经说法的活动。这其中的一些高僧则利用这样的机会来教化帝王或者调伏众臣，将他们潜移默化地导之以善，从而与佛教的宗旨相一致。从各种僧人尽忠的维度来看，这种方式其实可以说是最为彻底的尽忠方式。唐代僧人由于儒家文化前理解的影响，始终怀着一颗忠心，他们在与统治阶层的交流过程中，往往用儒家文化与他们探讨，因为儒家文化恰恰是僧人与统治阶层之间共同的基础前理解，在具体的交流过程中僧人很少去直接谈及佛教的教理，而是直接用儒家文化来导之入善，潜移默化的过程中却达到了佛教的目的，这种尽忠方式可谓一举三得，统治阶层因此而明白善恶因果的道理从而得到今生与来世的利益，统治阶层的向善直接带来的好处就是百姓能够得到安定，并且统治阶层的行为也能直接影响老百姓的价值取向，除了

---

① 《东都十律大德长圣善寺钵塔院主智如和尚茶毗幢记》，《全唐文》卷六百七十六。
② 《东都十律大德长圣善寺钵塔院主智如和尚茶毗幢记》，《全唐文》卷六百七十六。

这两点好处，还有一个就是佛教本身也能得到护持与发展。这样的话僧人通过自己的教化而尽到了忠君爱国之心，并且达到了保境安民与护持佛门的间接效果。

在法慎法师的传记中，将这样的尽忠方式称为"佛教儒行合而为一"①，这是唐代中国佛教的一个非常重要的标志与特点，这一提法本身其实就是中国佛教视域融合的本质特征。这种教化方式的具体实施则是依据于被教化者的身份而因材施教。如果这个人身为人子，就教之以孝道，如果身份是人臣，则以忠君爱国之心来教导。如果对方是统治者则以仁政而引他入善，被统治者则应该关注于礼。这种教化方式的理论基础则是大乘经典《金刚经》中所谓"一切法皆为佛法"的理念，法慎法师正因为秉持这个理念而非常重视儒家文化，在教育方式上不拘一格，也正因为如此才能在效果上"感动朝宰"②。

对于法慎法师的教化方式，其具体的效果则在兴唐寺的誓空禅师的记载中诠释了出来。他在与唐代宗的交往过程中，给代宗讲的是如何成为一位儒家文化中合格的"仁王"，对皇帝与众臣的教化结果也并不是大家都皈依了佛门进而修法行善积德，并不是这样的直接结果，其结果却是"君闻而仁，臣闻而忠，推而广之，风化斯变"③，大家在听了禅师的教化之后并没有舍弃世间而遁入空门，而是各自更好地安于各自身份所应该具有的德行，做到名与实相符合，君王做到仁，臣子做到了忠，这两点做到了其实就是将君王与众臣导入了善道，虽然以儒家的方式教化，却又同时符合了佛教的理念。与此相似的还有慧忠法师，他在与皇帝的交流过程中同样没有直接就宣扬佛教的道理，这样做其实能降低对方的戒备心理，以对方感兴趣的方式进行交谈，以此达到更好的传播效果，这些高僧的智慧也着实让后人赞叹。他给皇帝讲的恰恰是"理人治国"④的道理，如何管理臣子，如何治理国家，与此同时还以古时尧舜圣君的行为加以佐证，滔滔不绝。这样的尽忠教化方式就好像是在护理一棵大树一样，对统治阶级的直

①　（宋）赞宁：《宋高僧传》卷十四，范祥雍点校，中华书局，第 347 页。
②　（宋）赞宁：《宋高僧传》卷十四，范祥雍点校，中华书局，第 347 页。
③　赵超主编《新编续补历代高僧传》，社会科学文献出版社，2011，第 127 页。
④　（宋）赞宁：《宋高僧传》卷九，范祥雍点校，中华书局，第 204 页。

接教化则是在给树根施以养料，其结果则是树干、树枝与树叶自然繁茂。虽然佛教僧人教化帝王并不是中国佛教独有的特点，但在中国佛教的范围内，却又显现出了儒家文化“忠”的维度，这正是佛教原有的方式所展现的新维度，这种维度以儒家文化为传播方式，其内核则是达到佛教导人向善的理念，尽忠与普度众生巧妙融合且同时具足。

第四节　僧人修行境界的儒家维度

唐代僧人被在先的儒家文化前理解构成，他们必然会以儒家文化为视域来审视自己同周围一切的关系。前文已经结合案例分析过儒家文化的两个重要且具有普遍性的前理解对唐代僧人的影响，即“忠”与“孝”。僧人不可避免地以这两个儒家文化前理解为视域来审视佛教，这使僧人在佛教领域内的各种行为也具备了儒家文化的维度，这并不是无中生有给佛教安立上的新东西，而是佛教自身发展的内在要求，是佛教本有而未被彰显的各个维度，在历史发展过程中的不断展开。

众所周知，佛教本身是一个讲求修证境界的宗教，且修证境界非常深奥复杂。佛教的修行境界以及目标从普遍认知的角度来讲就是“解脱”，不仅自己要从轮回之苦当中解脱出来，还要心怀众生，将一切众生都带离痛苦的轮回。在构成唐代僧人视域结构的儒家文化中，也同样讲求做人的内在境界，前文提到的儒家文化普遍性的前理解是“忠”与“孝”，这两种做人的准则是表现于外的德行，它们是有一个根扎在心底的，那就是“仁”，在人心之内是仁，自然而然表现出来的行为就是忠与孝。其实内心的仁与外在的符合仁德的行为，这二者之间并非是割裂的，外在的行为就是仁本身，这就如同太阳与阳光一般，仁如同太阳，流露出的行为则如同阳光。《论语》当中似乎并没有关于“仁”的特别确切的定义，基本上描述的都是仁的表现，什么样的行为可以称为仁，具备了仁心的人应该是什么样子，诸如此类。

当一个人具备了内在的“仁”以及流露出来的种种忠孝等的行为，这二者合起来，就可以称为一个合格的君子，这也是儒家文化的一个修身标准，一个合格的人，一定是一位君子。孟子则在此基础上，用更为浪漫与精确的语言将君子的标准进一步概括为"大丈夫"。首先，胸怀宽广，心量要大，以天下为家，立身处世要行有利于天下的正道，做人光明磊落。其次，行为上要一身正气，在自己发达的时候要想着黎民百姓的疾苦，尽力帮助他们。当自己处于低谷的时候也不会自暴自弃，而是慎独自省，进一步学习与修身。最后，在具体的表现上，不能被"富贵"这种世俗的物质性的东西浸染，保持精神的高洁，出淤泥而不染；在自己贫困的时候，不能因为贫困而无恶不作，生活的境遇绝对不能改变自己的志向与修养；如果遇到外在的强权要以外力来强迫自己改变自身的志向与修养，则绝对不会屈服，要具备"杀身成仁"的气度与信心。符合这三点的人，就是孟子所定义的"大丈夫"。即在儒家文化中，是有一个完人的形象存在的，这就是君子、大丈夫，甚至是圣人本身。但是做到这些儒家的修行境界并非易事，孔子曾经感叹过为仁之难，他认为自己最优秀的弟子颜回，其内心也最多能保持三个月的仁德状态，其他人就更不用说了，由此可见儒家的修养境界之难。

僧人生于儒家文化的先在环境中，自然而然在先被儒家文化构成，这是他们审视自身同周围关系的视域或者说工具，因此对于佛教中修行境界的理解，也同样避免不了儒家修身境界的前理解的带入。唐代僧人以及唐代社会都必然会用儒家文化前理解来审视一位合格的僧人所应该具有的修行境界，这就使得佛教的修行境界中显现出了儒家修身境界的维度，这是佛教自身在发展过程中的自然展开。在关于唐代僧人的记载中，有不少这样的案例。对于这些高僧真正的修行境界，笔者以自身的分别念无法评价，这也不是本书要讨论的范围，在这里笔者只描述僧人身上显现出来的佛教修行境界的儒家维度。在关于唐代僧人的记载中，传记作者或者僧人本身常常以儒家修身境界的语言来表述一名合格的佛教僧人应有的样子，比如他们强调僧人应该具备"仁"的特质，或者强调僧人应该如同儒家的大丈夫一般，或者以"孝之至"来表达佛教的修行境界等。本节着重分析僧人的这些现象，他们用儒家文化前理解来审视佛教的修行境界，使得佛教的修行观显现出儒家文化的维度。

一　以"仁"来形容修行境界

"前理解"是人们理解外来文化必不可少的工具，外来文化能够得以消化理解，必然要始于前理解，以"前理解"为工具视域来审视与理解外来文化，从本质上来讲是外来文化在传播过程中自身的不断展开，显现上则是本土化问题。比如对于佛教的智慧与戒律之间的关系，对于中国人来说，直接去理解是不可能的，必须有一个工具，这个工具就是儒家文化前理解。佛教在传入中国后，对其修行境界的理解，也必然从中国人的儒家文化前理解开始。以儒家文化修身境界来形容佛教的修行境界，这样的描述在关于唐代僧人的记载中也较为普遍。人们用儒家仁与礼之间的关系来延伸理解佛教中的智慧与戒律，"离礼于仁义者，不可与言儒；异律于定慧者，不可与言佛"①。用儒家文化前理解来审视佛教，作为外来文化的佛教于是变得熟悉起来。一个具备仁德的君子，其行为必然符合礼，礼是连接具德君子内外的纽带；同样，具有佛教修行境界的行者，其行为也一定符合戒律，戒律也是通往定慧的道路。碑铭中的这段描述看似平常实则有着深意，这段描述说明了儒家文化前理解是审视佛教的工具，但这个工具并没有代替佛教本身所具有的意义，这是很重要的，并不是说佛教进入中国就被儒家文化前理解所代替，佛教仍然具有其内核，佛教与儒家文化并非互相替代，而是视域融合。中国文化所谓儒佛道三者的合一，在合一中其实也是彼此独立的，佛教依然是佛教，"仁"可以描述佛教修行境界，却不能替而代之。

在关于禅宗六祖慧能大师的记载中，大师在教导人们修行的时候，往往"始以性善，终以性善，不假耘锄，其本静矣"②。人生而性善是典型的儒家文化的观点，主要由亚圣孟子发扬光大，性善当中自然具备仁德。慧能大师认为每个人的佛性本自具足，这不是向外求来的，而是自己本来就具备的，本来就有的东西，何必再去寻找，所谓"本来无一物，何处惹尘埃"。佛教的空性当然并不等于儒家的性善，慧能大师以中国人听得懂的

---

① 《南岳大明寺律和尚碑（并序）》，《全唐文》卷五百七十八。
② 《曹溪第六祖赐谥大鉴禅师碑（并序）》，《全唐文》卷五百七十八。

语言来教人以佛法，在这里儒家文化前理解实际上变成了通往佛教的一条"道路"。在碑铭正文当中，对慧能大师本身的总结也颇具儒家意味，说他生而性善，并且以仁德而传颂于世。前文提到的家世儒宗且为儒生出身的僧邕禅师，儿时便与众不同，自己做游戏的时候会自然而然地搭起佛塔，同时他怜爱众生的善心也是出自天然，塔铭中描述他"仁心救蚁"①。在这里并没有用佛教特有的诸如菩提心等名词来形容禅师幼年的善心，而是用了典型的儒家文化的词"仁心"，禅师在入佛门之前天生便是一位推己及人以至众生的儒家君子，审视佛教必然跨不过儒家前理解。前述晋空法师，在《唐代墓志汇编》中载为晋空，两者描述的是同一个字。法师平时在对弟子的教育过程中，强调最多的就是要心系众生，不能只顾自己解脱。他将能救度之人比作仁者与智者，他认为众生可怜，不知真相，如果"智者不能拔，仁者不之慈"②，只顾自己得到清凉，这样的话不符合佛教的初衷。在这里法师显然认为仁者应该具备佛教的慈悲心，将仁与慈悲心二者相互解释，这就是典型的视域融合，佛教与儒家文化在这里都展现出了新的维度。

径山大师俗姓马，其母怀孕的时候便自然不食荤腥，法师儿时也不同于其他孩童，显得非常安静。在刚刚换牙的时候便请求父母要出家，而后拜南头山威大师，修行非常精进。后来师父对他说，你弘法的地方在东南方，那边的有缘众生等着你去度化。法师去了之后，碑铭中这样描述，"驺虞驯扰，表仁之至也"③，驺虞是古代传说中的一种瑞兽，它不吃其他的动物，所以又被称为仁兽。在这里以驺虞来比喻，表示法师去东南方传法的时候，当地的野兽都得到了驯化而行善法，这表示了法师本身的仁德已经到了极致，法师内在的仁德不仅感化了当地的学人，而且连飞禽走兽也断恶从善。与此相似的例子还有前述的大义禅师，禅师在游方传法的过程中，有一次在路上遇到残暴的虎群，禅师用手杖敲敲虎头对它们说，应当去掉害心。说完之后老虎便远远离开，碑铭评价道"其仁感也如此"④，

① 《化度寺故僧邕禅师舍利塔铭》，《全唐文》卷一百四十三。
② 周绍良主编《唐代墓志汇编》，上海古籍出版社，1992，第2138页。
③ 《润州鹤林寺故径山大师碑铭》，《全唐文》卷三百二十。
④ 《兴福寺内道场供奉大德大义禅师碑铭》，《全唐文》卷七百一十五。

也就是说，是禅师的一片仁心使得恶虎断除了害人之心。这两个例子都是用儒家仁的修身境界来比喻两位法师的修行境界，他们都是除去了自身害心的仁者，由于自身没有害心，于是能够推己及众生，所行之处即使野兽都断恶从善，更何况是向他们求学的人。

在常超禅师的塔铭中则进一步解释了仁的境界在佛教修行中到底对应着什么。在对禅师修行境界的描述中，有这样的记载，即"仁之大者无思……无思而一切咸寂"①，前述的例子都是以仁来比喻僧人的修行境界，但是这个仁到底代表着什么则很少给出，在常超法师这里则有了较为清晰的定义，所谓的"仁之至"，代表着佛教中"空寂"的修行境界。仁者爱人，这种推己及人的修身标准发展到极致，也许就是无我的状态。除去了我执，也就是仁之至的无思境界，一切归于寂灭，丝毫不生分别念。从对常超禅师修行境界描述的这段话可以看出，儒佛二者的修行境界既有相通可以互相比喻的一面，同时又有相互独立的一面，以儒家修身境界来描述僧人的修行境界，并不是简单地以儒代佛，而是一种"视域融合"，二者可相互联系的方面融合在一起，同时二者各自的内核则使得二者保持着各自的独立发展，这就是文化融合的模式。唐人以儒家文化前理解对佛教的审视，在审视的同时也是一种延伸，用仁来审视佛教的修行境界，在这一过程中还使得仁本身进一步得以展开，"仁之至"则有了佛教"寂灭"的新维度，同时佛教本身的修行境界也有了"仁"的意味，"视域融合"本身也是两种文化在发展过程中的不断展开。

二　以"大丈夫"为修身标准

儒家文化的修身标准对唐代僧人的影响也是深远的，唐代僧人以儒家修身标准的前理解来审视佛教的修行境界，使得佛教本身的修行境界有了儒家修身境界的维度。在笔者所看到史料当中，唐代僧人比较认同两位儒家圣贤的修身境界，其一是前文分析过的颜回的修身标准，其二就是孟子的"大丈夫"精神。如果仔细分析这两位儒家圣贤崇尚的修身之道，就不难看出为何唐代僧人会以此二人的修身标准为榜样。首先来看颜回，颜回

①　《故中岳越禅师塔记》，《全唐文》卷三百一十六。

的处世标准我认为可以概括为两点，即"安贫"与"乐道"，"安贫"按照字面理解就是虽然身处贫寒的境地，却泰然处之。这种境界扩展开来就是安于一切不同的外境，贫苦也好，富裕也好，都不改变自己高尚的人格。"安贫"在这里有一个前提，那就是"乐道"，之所以能对一切外在境域泰然处之，是因为有一个终极的境界在统摄着自己，颜回的心始终安住在那个终极的境界上，自然而然就会摆脱周围环境的束缚，无论贫穷还是富裕，那个终极的境界始终是不会变的，因此颜回始终处于幸福的内心状态。虽然在儒家文化当中极少强调出世的内容，但是从颜回的修养境界上不难看出，他的修身标准实际上也是暗含着出世的意味。而孟子的"大丈夫"的修身标准则明显有着一种勇于入世的情怀，不为财富、权势与贫困所动，顶天立地且勇于担当，这种"大丈夫"的精神则与大乘佛教的菩萨精神有契合之处。

颜回与孟子两位圣贤的修身境界中，都强调在坚定自身做人准则的同时要不为外境所动，不同之处在于颜回强调内心安住在一种终极境界上，不执着世间的一切；孟子则更多强调的是一种入世的担当，一种责任感，这种责任感不能屈服于任何外境。二者无疑都与佛教的修行境界观有着一定程度的可契合之处，所以唐代僧人以此二圣的修身境界为榜样标准，也就不足为怪了，他们以此前理解来衡量自己如何才能做一个合格的佛教僧人，使得佛教修行境界展现出了颜孟的维度。

（一）大丈夫当入世利生

在唐代著名的大达法师的碑铭当中，明确阐释了儒家孟子"大丈夫"的修身观与佛教之间的关系。文中以"丈夫"来统摄儒佛，以儒家"大丈夫"的修身维度来衡量在家人与出家人的标准，碑铭中指出"为丈夫者，在家则张仁义礼乐，辅天子以扶世导俗；出家则运慈悲定慧，佐如来以阐教利生。舍此无以为丈夫也"①。也就是说，要做一个合格的"丈夫"，如果没有出家，那就应当做好儒家文化要求的伦理道德，辅助有道天子来

---

① 《唐故左街僧录内供奉三教谈论引驾大德安国寺上座赐紫方袍大达法师元秘塔碑铭（并序）》，《全唐文》卷七百四十三。

治理国家。出家的话则应该以佛教慈悲定慧的修行境界来辅助佛祖度化众生。在这里，"大丈夫"的修身观作为唐人的前理解统摄了唐人与国家的关系，以及佛教与儒家之间的关系等，即作为一个中国人，进而作为一名唐人，不出家的话如何做一个合格的大丈夫，出家后又如何做一个合格的大丈夫。儒家文化的前理解在这里作为唐人的审视角度统摄了一切，就好比一个人戴了一副红色的眼镜，看任何事物都会染成红色。

　　每个民族都有其独特的前理解，并以此作为一种秩序，整合与自己相关的一切，同时，前理解也是人们无意识且无法跨越的视域。人对外界的认识起源于对自我的认识，同时也在一个更高的层面上终于或者说服务于自我认识。在对大达法师的评价中，作者又将佛教的修证境界与忠君爱国联系起来，"显大不思议之道，辅大有为之君"①，儒家文化前理解帮助唐代僧人去理解如何做一名合格的佛教徒，并且最终又将修行境界落到了忠君爱国之上，显不可思议之道的目的是辅助有为之君，佛教在中国的展开实际上就是儒家伦理维度的显现。

（二）大丈夫当离法自净

　　唐代的惟俨大师是一位默默修行的高僧，他崇尚的是一种内证境界很高但不显现于外的修身境界，在他圆寂后八年，在其弟子的弘扬之下，世人才知晓这位有德高僧。法师在日常的修行中同样表达过应该以大丈夫的标准来修身，不过他认为的大丈夫更加接近颜回的境界，他认为"大丈夫当离法自净，焉能屑屑事细行于布巾邪？"②他眼里的佛教徒中的大丈夫应该是远离外界杂乱的环境以及内心的妄念，安住在境界当中，不应该去忙于世间琐事而浪费生命。他对大丈夫的理解与颜回相近，他在生活与修行中的为人处世也与之契合，惟俨大师在随师闻法的过程中，每有深意，大家不能理解之处，大师总是默默与法契合，"不违如愚"③，内心与法契合但是表面却如愚人一般。这就指出了大师内心的大丈夫形象，就是颜回的

---

① 《唐故左街僧录内供奉三教谈论引驾大德安国寺上座赐紫方袍大达法师元秘塔碑铭（并序）》，《全唐文》卷七百四十三。
② （宋）赞宁：《宋高僧传》卷十七，范祥雍点校，中华书局，第423页。
③ 《沣州药山故惟俨大师碑铭（并序）》，《全唐文》卷五百三十六。

修身处世观。

（三）大丈夫当了心住空

《全唐文》有载栖霞寺有一位律师大德，出家前姓王，他的法号不得而知。有一次他突然很严肃郑重地对大家说，我是修律的，从这一点来讲，我问心无愧，但是还没有去除"声闻"的束缚，这里的"声闻"并不是指佛教的"声闻乘"，而是名气、名声。因为碑铭开头便说，栖霞寺这个地方从历史上来讲便高僧辈出，"声闻相袭"，历来名声很大，只要是栖霞寺的僧人，人们一定会高看，因此律师也被称为"栖霞大师"，且后来律师又被任命为僧正，因此可以认定律师前面的感叹更多是为声名所累。为了解决修行上的困惑，律师开始对禅宗进行刻苦研究，忽然有一天豁然开朗，他发自内心地说，"大丈夫了心当如此"①。

在这里，律师显然认为大丈夫应该具备禅宗的"空"的境界，律师达到了这个境界，自然解决了自己修行上的困惑，看破了束缚自己的声名之累。孟子的大丈夫的修身观本来也有不为外境所动的意味在其中，这与禅宗的空性是有着可以联系的一面，达到了万法皆空的境界，自然就不会再为外境所累，律师认为达到了空的境界，才是一位合格的大丈夫，这就使得佛教的修行境界有了儒家的维度，儒家的修身观也延伸出更高的境界，这就是一种文化在通过人展开的过程中所形成的"视域融合"。

三　作为通往佛教道路的儒学

哲学诠释学理论认为，任何对他者的认识都是源于自我认识，当我们面对一种外来文化时，我们的本土文化前理解就成了认识外来文化的必然起点，可以说前理解实际就是通往外来文化的必经之路。唐代僧人对于佛教的理解与实践，也同样符合这一人类文化的发展规律，他们在日常修学与教化有缘众生的过程中，往往都非常重视儒家文化，认为儒家文化是通往佛教涅槃境界的道路。唐代的道一律师就对儒佛之间的这种关系有着非常形象生动的比喻，他认为儒家文化以及文学是佛教的

---

① 《栖霞寺故大德（缺）比律师碑》，《全唐文》卷七百四十二。

"笙簧"与"鼓吹"①，他的比喻有着很深刻的内涵。笙是乐器，簧则是笙中的簧片，这个簧片是乐器演奏的关键，决定着乐器所发出的声音，乐器的意义在于其所发出的妙音，妙音之所以妙，则是取决于能为人所听。在这里佛教则好比乐器，儒家文化就像是乐器中的簧片，这样就能以中国人听得懂的妙音来宣说佛教的奥义，通过儒家文化来将学人引入佛智。同样，"鼓吹"之喻则与"笙簧"的喻义相同，中国人对佛教的理解起于儒家文化前理解，因此佛教的传播也必须符合这个规律，要用中国人听得懂的语言来传播，所以道一律师很重视儒家文化，认为这些其实都是佛法范围之内的学问。

在教化学人方面，尤其是在对于儒家士大夫的度化中，唐代僧人也是基本遵循着道一律师的这个理论。唐代皎然法师是一位通晓儒佛的高僧，传记里记载他在儒家文化的各个方面都研究得非常深入，因此也得到了包括京师在内的各层士大夫的敬重。在教化这些儒家士大夫时，法师很少直接宣说佛法，常常是以"诗句牵劝"②，从与他们谈论诗词文化开始，在不知不觉中将他们引入佛智，记载中还评价说，"行化之意本，在乎兹"③，也就是说，佛教的传播发展与教化学人，其根本就在于此。灵一律师在传法度人的过程中，也是从文学入手，在不知不觉中将人引入佛教的智慧，他自己也常常作诗咏赋，以这种方式辅助自己的禅修，与人交流时，往往"与儒墨同其波流，然后循循善诱，指以学路"④。也就是说，学人在和律师聊天时，聊的内容无外乎是大家都熟悉的儒家文化，但实际上在这个过程中学人已经在律师的引导中步入了佛教的智慧殿堂。其他的案例还有同为律学高僧的昙允和尚，碑铭记载他也是一位博通儒佛的高僧，在得到很多士大夫尊敬的同时也与他们成为好友，这其中就有我们所熟知的贺知章，在和士大夫的交往中，昙允"其导先之以文行，宏之以戒定"⑤，也是从儒家文化入手，谈笑之中使得士大夫不自觉地进入

① 赵超主编《新编续补历代高僧传》，社会科学文献出版社，2011，第93页。
② （宋）赞宁：《宋高僧传》卷二十七，范祥雍点校，中华书局，第728页。
③ （宋）赞宁：《宋高僧传》卷二十七，范祥雍点校，中华书局，第728页。
④ 《唐故扬州庆（缺）寺律师一公塔铭（并序）》，《全唐文》卷三百九十。
⑤ 《越州开元寺律和尚塔碑铭（并序）》，《全唐文》卷五百二十。

佛智。

　　以上案例中，唐代高僧们认为儒家文化实际上是佛教修行境界的外在表达，但高僧们真正想要说的却不止于此。从字面上来看这些案例，我们可能会很容易认为高僧们实际上是把儒家文化当成了宣传佛教的工具，实则不然，其中的联系并没有这么简单。其中的深意在于，高僧们认为儒佛二者在某种程度上来讲是一体的，儒家文化本身只是处在了某个发展阶段，好比我们要去一个目的地，佛教是终点，儒家文化则以为半路是终点，于是停在了半路，儒佛之间在可联系的层面是这样一种关系。

　　唐代的义中法师因住于漳州三平山，又被称为三平大师，他的父亲在闽为官，虽然没有明确提到法师学习过儒家文化，但从他的家世来看，他一定深受儒家文化的熏陶。而且前理解对唐人是在先构成的，因此儒家文化对唐代僧人的影响可以说是不可避免的。据其弟子描述，在法师母亲去世的时候，他曾经把自己关在屋里连续七天不吃不喝，法师对母亲的孝是很深的，绝非一般人可以做到，由此可以看出儒家的孝道文化对他影响之深。当时的吏部侍郎王讽被贬谪到漳州地区任职，听到了法师的名声后去拜访他，法师惜字如金，与他聊的并不多，其中有一句话非常重要，义中法师认为，"孝之至也，无所不善"①。前面曾经提到过径山大师的案例，作者认为大师的"仁"达到了极致，于是野兽见了他都会断恶行善，在这里就已经暗示了"仁之至"即是佛教的境界。如果说对径山大师的评价非出自大师本人而显得说服力不够的话，在这里义中法师则亲口说明了这点，将儒家的孝文化做到极致就是无所不善的佛教修行境界，碑铭作者对法师这句话的评价，称其"适道适权"②，这里进一步说明了儒家文化前理解本身就是通往佛教的道路，二者是权与实的关系，一个在半路上一个在终点，但二者所在的是同一条路。宗密大师直接点明了这点，他认为"二教惟权，佛兼权实"③，即儒道两家都是权宜之论，佛教是实，佛教本身已经融合了儒道而超越之。中国人对于佛教的理解起于儒家文化前理解，同

---

① 赵超主编《新编续补历代高僧传》，社会科学文献出版社，2011，第186页。
② 《漳州三平大师碑铭（并序）》，《全唐文》卷七百九十一。
③ 《华严原人论序》，《全唐文》卷九百二十。

时又在此基础上对儒家文化前理解做出了一种延展，好比一块正方形的铁块，将其烧红便可以拉伸成长方形，原本是儒家所特有的忠孝仁等理念，随着佛教的传入，中国人将儒家特有的情感突破出儒家的概念限制进而与佛教相联系。同样是孝的情感，对父母亲人之孝即是儒家，若将这种情感拓展到一切众生，就是佛教的慈悲心。这种联系方式使得儒家有了佛教的终极维度，佛教也有了儒学的表现形式，二者展开的相互维度即是"视域融合"的本质所在，一种文化的发展与展开本身，就是视域融合的过程。

小　结

跨文化传播的本土化过程，其本身可以说是一种常识性的必然现象，佛教中国化过程自然也不例外。本章分析的唐代僧人在对佛教的实践中表现出的种种涉儒特点就可以很好地说明这一点。但常识本身也值得怀疑，佛教为什么一定要经历"中国化"，为什么不能以印度佛教"原貌"的形式为中国人所理解？这是对常识本身的反思。唐代僧人对佛教的实践同样也能对此做出解答，那就是唐代僧人的儒家文化"前理解"所带来的必然性。佛教的传播必然要通过人的理解而显现，通过人的诠释而落地，唐代僧人在先地由中国文化前理解构成，他们也必然会以此为视角，或者说以此为工具去理解佛教。因此佛教在中国的显现也一定会披上中国文化的外衣，这是本土化现象本身的必然性。

总结唐代僧人的这些特点笔者认为至少可以说明三点。其一，唐代社会的集体潜意识认为，一名合格的佛教僧人首先应该具备儒家的修养。也就是说，合格的僧人必然先是一名合格的君子，涉儒是唐代佛教徒获得自身认同与社会认同所必须具备的条件，这些也都是无意识的认同，是基于前理解的无法跨越的认同。这是唐代中国社会整体的前理解对于佛教徒身份的判定，既然是一个佛教徒，就一定是一个忠孝仁德的君子，否则就难以称为一个合格的佛教徒，这也是佛教徒对自身的先在要求。也可以说儒家文化是进入佛门必须要具备的条件之一。其二，从僧人自身来讲，他们无法跨越自身的儒家文化前理解去进入佛教，因为以儒家文化为核心的中国文化是他们的"视域",在先构成了他们自身,因此是他们进入佛教的工具。剥离了儒家文化前理解,他们自身也不复存在。于是佛教在中国呈现出一种具备"空而不失忠孝"与"以儒学令入佛智"等特点的新形态。其三,儒佛之间的斗争直至唐代从未停息过,表面上看是由于彼此伦理之间的张力,或者是统治阶层与佛教之间的利益博弈等。如果以哲学诠释学的视角来审视,其本质可能正是由于中国人所无法跨越的以儒家文化为核心的中国文化前理解。当面对一个异质文化时,人无法跨越自身去进入那个文化。因此,以自身前理解为视域去理解的过程就是矛盾显现的过程,是"视域融合真理"形成的过程。儒佛之间的斗争根源也在于此。

当僧人试图跨越自身前理解去进入佛教时,其情感上的挣扎与痛苦也随之显现,那些道心坚定的僧人尤其如此。这其中暗含了佛教在中国需要解决的一个问题,即"如何入世地解决出世问题?"这个问题的解决就是"视域融合"的中国佛教的呈现。与此同时,本章所论述与分析的唐代僧人在佛教实践中所表现出的种种涉儒现象,也说明了佛教在传入中国后所出现的种种变化。如何去看待这种种变化?佛教在中国化后所出现的变化是否意味着中国佛教的合法性出现了问题?如何看待"佛教中国化"这一议题?笔者将就以上问题在第三章做出论述与分析。

第三章　"视域融合"的中国佛教

　　僧人本身被以儒家文化为主导的中国本土文化构成，他们只能以此为工具去理解佛教，进而以中国文化的方式去"说出"佛教，这样也必然会为佛教带来种种以往没有的新样态，即"以入世的方式去出世"，进一步说就是"儒式的出世观"，这实际上就是"视域融合真理观"的体现。与此同时，这也很好地说明了"佛教中国化"过程的必然性，由印度而来的佛教不可能以原貌落地中国。本章主要是从现象上说明佛教中国化的过程或者说中国佛教新样态生成的必然性，为什么中国佛教的样态会是如此，而非其他；其必然性的理论解释是什么；以僧人为媒介，佛教与中国文化视域融合的接驳如何完成；其形成过程的内在结构如何。

　　本章将结合哲学诠释学的相关理论来分析和解释这些问题。既然佛教的中国样态不可避免的形成，那么与印度佛教相异的中国佛教形态是否具有合法性。中国佛教还是佛教吗？从这个大问题中还可以逻辑性地引申出诸多问题，即如何看待佛教本身，或者说到底什么才是佛教，这个问题也是佛教合法性的标准所在；中国佛教与印度佛教之间的逻辑关系是什么；如何重新审视"佛教中国化"的提法？

第一节　唐代佛儒之间的"对话辩证法"

一　以"入世"来审视"出世"

（一）唐代僧人"前理解"与儒家文化的关系

　　所谓的"前理解"，顾名思义就是我们在理解一个未知的东西之前，对这个东西已经有了一个在先的理解方向，对未知东西的理解总是要将其归入已知的范围，也就是要将其“点亮”。这就好比在我们面前有一片黑暗之地，假设在这片黑暗当中，有一个需要我们去认识的未知之物，我们首先要做的毫无疑问是去照亮它，这个未知之物的颜色就取决于我们照亮它所使用的“光”的颜色，前理解就好比这个光的颜色，我们用红光去点亮这个事物，它必定显现为红色，用其他光去打亮它，它就会随之有相应的显现。再比如，我们可以想象一位与自己熟识的人，对这个熟人的认知已经达到了观其影则知其人的程度。在漆黑的夜里，假设远处有一个木桩，这个木桩的形象特别类似我们认识的那位熟人，于是当我们远远看到这个木桩时，我们脑中的第一念绝不会认为那是个木桩，而是将其认知为我们脑中的那位熟人，这种认知方式就是所谓的“前理解”，即在我们试图去理解一个未知之物前，实际上我们已经在理解它，这种理解之前的理解，即“前理解”。

我们无法得知自身出生的原因，每个人或多或少会在内心有这样的疑问，即“我为什么要来到这个世界上？”这种疑问实际上触及人的本质及根据，也就是“真正自我”的来源问题。胡塞尔的现象学还原的方法认为这个问题，也就是自我的本源根据的问题，要将它用括号括起来，不去讨论其有无或者它到底是什么。我们有可能或者说有把握说清楚的只是我们出生以后实实在在的可以看到的这个世界，我们可以讨论的是自我的构成问题，即是说什么构成了我们，再进一步讲，就是“前理解”的来源问题，既然我们在理解之前就已经在理解着，理解的过程从前理解开始，前理解又来自哪里呢？恰恰来自我们所出生的“世界”，之所以加引号，是因为我们每个人所面对及身处的“世界”是相对独特的，每个人一生所面对的每一个处境都是相对独特且无法复制的。这个独特的“世界”在先构成了我们，我们于是也会在先理解着我们不断遇到的一切，前理解决定着理解的方向，于是每个人或者说每个族群也会如此与众不同，每个人的出生状态都好比一个点，这个独特的世界则好比从这个点出发画出的一个箭头，从这个点开始，方向便已经千差万别。

我们在生活中时常以为自己能客观地看待周围的一切，相信自己的理性可以独立于世界而看世界，殊不知我们的视角其实已经被在先构成。人与其所出生的环境在某种意义上来说其实是一体的，我们总是被"构成"的，如果能剥离掉我们的"前理解"，那我们也会随之灰飞烟灭。也就是说，我们和我们所处的世界实际上是一体的，但因为前理解往往在先构成了我们，因此我们对这个事实往往很难意识到，我们总是习惯性地认为自己可以作为一个纯净的主体来评价与理解眼前的一切。我们作为一个在时间中展开的人，由海德格尔所谓的"被抛入"的、在先的世界所构成，此谓之"前理解"，这是我们理解世界的起点与唯一的工具。康德认为直观无思维的话便是盲的，他认为我们理解周围的一切事物是"知性"的功劳，于是他有所谓"知性为自然立法"的理论，规定万物的"知性"，在哲学诠释学当中则是构成我们视域的"前理解"。

构成我们的在先的世界其实是很复杂的，"前理解"中的要素非常多，很难将其全部的条理分析清楚，因为"前理解"毕竟不是一个静物，可以对它进行客观详尽的分析，而更适合称其为时刻处于动态中且不断变化的一种状态。因此，我们若想把握一个人或者一个群体的"前理解"，一定要抓主导。构成"前理解"的诸多要素中，一定有一个或几个主导要素，这规定着此人或者此群体理解活动的大方向，因此笔者认为在具体的"前理解"研究中，把握前理解中的主导要素是很重要的。理解活动往往存在着诸多可能，存在着很多潜在的理解方向，这些可能性与构成前理解的诸多要素直接相关，但是理解活动作为一种结果显现出来，只会将其中一种或几种可能性变成现实，或者说在一种主导可能性决定理解方向的前提下综合其他可能性的要素而显现为现实的理解结果。

研究唐代僧人"前理解"也与上述同理，需要把握唐代僧人前理解中的主导要素，这只能依赖唐代僧人的古籍记载，除此之外我们很难详细知晓当时唐人生活世界的原貌。笔者认为，能为古籍记载的唐代僧人至少一定符合以下两点：其一，这些僧人为当时僧人的榜样与代表，他们在一定程度上可以代表当时僧人的思想与行为；其二，这些僧人为当时唐代社会所认可的"合格"僧人，在唐人的眼中，这些载入史册的僧人无疑才是他们认为"正确"的僧人形象，是可以决定中国佛教发展方向的僧人形象。

根据这两点，梳理分析古籍当中记载的唐代僧人的思想与行为，就可以大致把握住唐代僧人的"前理解"。笔者的研究文本主要基于唐代僧人的传记以及墓志等史料，从这些史料可以把握唐代僧人前理解中的主导要素，即儒家文化。前理解的构成无疑是复杂的，但从对史料的分析中可以看出，儒家文化在唐代僧人前理解中无疑起着主导作用。就笔者所见记载而言相较魏晋南北朝，唐代僧人前理解中更多的显现为儒家文化，这些记载所占比重非常大，道教或者道家文化对唐代僧人前理解的影响则在少数。

对于道教和道家文化对唐代僧人前理解的影响，在笔者参考的文献中大概有三个方面的表现。

其一，在唐代僧人的护法活动中记载的较为详细，尤其是在僧人与道士的辩论中，可以明显看出唐代僧人具备深厚的道家或道教文化底蕴，但对道教或道家文化的前理解对僧人的影响仅主要体现在唐代僧人的护法活动中。比如深受玄奘法师器重的慧净法师，他在与道士于永通以及道士蔡晃[①]的辩论中，以深厚的儒佛道皆通的文化底蕴巧妙化解了来自道士的攻击，并且将他们辩驳得无言以对，维护了佛教的地位与尊严。还有唐高祖时期的慧乘法师的事迹，高祖李渊对佛教并没有什么好感，他也曾准备全面抑制佛教的发展，佛教在那个时期显然并不好过。武德八年，在皇帝主持的释道辩论上，面对来势汹汹的道士潘诞，慧乘法师旁征博引，通过全面梳理道家文化的历史，驳倒了潘诞所谓"道是佛之父师"[②]的谬论，在维护了佛教尊严的同时法师个人也因此成名，赢得了大家的尊敬。

其二，唐代一些僧人的记载中明确表示僧人曾经深入学习过道家文化。这样的例子在有关唐代僧人的记载中并不少见，慧持法师在修学佛法的同时还"兼善老庄易史"[③]，与他相似的还有慧璿法师，深入佛门的同时"兼达庄老"[④]，清观[⑤]法师则在儿时就遍阅诸子百家，且三教皆通。唐代的日照法师幼年时在父亲的教导下学习儒家文化，后来又学习了道家文

---

① （唐）道宣：《续高僧传（上）》，郭绍林点校，中华书局，2014，第 79 页。
② （唐）道宣：《续高僧传（下）》，郭绍林点校，中华书局，2014，第 941 页。
③ （唐）道宣：《续高僧传（中）》，郭绍林点校，中华书局，2014，第 501 页。
④ （唐）道宣：《续高僧传（中）》，郭绍林点校，中华书局，2014，第 511 页。
⑤ （宋）赞宁：《宋高僧传》卷二十，范祥雍点校，中华书局，第 527 页。

化，在对老庄的深入了解中而"宿慧发挥"①，但他并没有因此成为一名道士，而是由此转向了佛教，道家文化在此充当了桥梁的角色。类似的例子也常见于唐代僧人相关史料，但是道家文化的前理解对唐代僧人的影响，与儒家文化前理解是有差异的，这个差异基于僧人的传记以及墓志的记载，真实的情况也许已经不得而知，史料的表述也是我们唯一可以依赖的。道家文化前理解在对僧人一生的记载中往往显得很"孤立"，之所以这样表述，是因为僧人的传记或墓志中对僧人涉道的现象总是一带而过，纵观僧人的一生，这种涉道的经历似乎显示不出什么影响，所以称为"孤立"，从玄奘法师的案例来看，只是从他回绝太宗请求这件事上，我们可以推知玄奘法师对道家文化实际上是了解的。除此之外，在他的一生中很难看出道家文化对他的影响痕迹。儒家文化则不同，孝道对玄奘法师的影响显现在其一生中，他从印度学习归来，就怀着孝心与愧心为父母重修墓地，这也是笔者把重心放在儒家文化前理解的原因之一。

其三，唐代还有一类僧人，他们在出家之前是归于道教的，可以说是弃道归佛的，道家或道教文化对他们的影响恰恰是以一种否定的意义出现的，这让他们明白道家或道教并非自己想要的，佛教才能解决他们的最终问题。相较儒生入佛门，此类案例的记载则非常少。比如慧頵②法师，从小就有志于学问，最开始在家人的影响下学习儒家文化，学得非常好，但是后来接触到佛教后则一心想要出家，家人不许，他就以死相逼，家人无奈，虽然允许他出家，但只能入道教，于是他又学贯道教，最终发现儒道都没有"至理"，于是心里坚定了佛教的志向，而后得到了官方的肯定正式出家为僧。类似的还有弘智法师，与慧頵法师不同的是，他一开始就是一位道士，服气炼形期待羽化成仙。后来遇到了一位惠法师，为他开示了"安心之要遣累之方"③，弘智法师由此明白了佛教才是他应该追求的究竟之道，于是他通过了官方的批准弃道归佛。同样，通观这两位高僧的传记，归入佛门之后他们开始弘扬佛法，很难看出道教给他们带来的影响，

---

① （宋）赞宁：《宋高僧传》卷十二，范祥雍点校，中华书局，第274页。
② （唐）道宣：《续高僧传（中）》，郭绍林点校，中华书局，2014，第484页。
③ （唐）道宣：《续高僧传（下）》，郭绍林点校，中华书局，2014，第950页。

但儒家文化前理解可以说是深入僧人血液当中的文化，在唐代僧人一生中的很多时刻都会显现出来，是可以主导僧人理解方向的一个前理解要素。

（二）儒家文化的"入世"本质与"出世"维度

前文已经论述了唐代僧人"前理解"的主导要素是儒家文化，这是从记载唐代僧人的史料中所看出的一个现象，也可以算是一个阶段性的结论。本节主要探讨儒家文化的一些特质，儒家文化中的入世特征是显露在外的第一个层次，探讨儒家文化的特征，可以从两方面看出儒家文化的基本特征，一方面看儒家的创始人以及代表人物，一方面看儒家文化的核心内涵。

儒家学派的创始人孔子，一生都在游走各国积极入世，立志实现自己的政治理想。但由于春秋战国时期社会处于动荡分裂的状态，这个时期"霸道"胜于"仁道"，因此儒家学派在这一时期都没能实现入世治国的理想。从孔子的一生来看，其行为显然是一种积极入世的行为，一个人的行为与思想一般而言是无法完全脱离关系的，行为必然带有思想的影子，至少对于孔子来说，他无疑是一位内外一致的圣人，他的行为与他的思想同始终，他的思想未能实现入世，他本人也处于知其不可为而为的漂泊中。否则，如果孔子想一套而做一套，以孔子的才华，在那个时代完全可以享受富贵而避免劳碌。这里又牵涉出一个问题，那就是到底什么是"入世"，这个词是相对于"出世"而言的，"出世"一般而言被认为是佛教的词，这个词并不像字面上所显示的那么直接，并不是直接跳出我们生活的世界就叫"出世"，单纯的没有任何意义的跳出世界则无异于自杀。笔者认为所谓"出世"即是身在尘世，但人生的终极目标却超越了这个世界，即一个人的志向不在于世间的喜乐，人生的目标并不在世间，这大概可以称为"出世"。无论是原始佛教的避世修行还是大乘佛教的拯救众生，其目的无疑都是跳出轮回，一个是自己跳出去离苦得乐，一个是把大家都带出轮回之苦，其终极目的无疑都在此世之外，所谓的"此世之外"并不局限于作为物理世界的这个世界以外的其他世界，在终极的境界中，身在何处，何处即是"此世之外"。

在简要分析了"出世"的内涵之后，与之相对的就是"入世"。心怀出世思想的人毕竟是少数，剩下那些在红尘之中喜怒哀乐的人，他们是否全都能算作"入世"之人呢？笔者认为答案是否定的。前述的"出世"的内涵是将人生的目标置于此世之外，那么与之相对，"入世"的目标就在此世之间，无论是此世之外还是此世之间，这两个相对的目标又有一个共同的对立面，就是人生的目标在人自身。形象一点来比喻，现在有三个人，一个人的人生目标在此世之外，一个人的人生目标在此世之内，第三个人的人生目标则就是为了自己，前两个人可称为出世和入世，第三个人则是既不出世亦不入世。也就是说，并不是随随便便的生存于世就是"入世"，一个人一生的目的是飞黄腾达、环游世界，甚或为了子女家人，其实严格来讲都不算是入世。真正的入世是要承担起一种世间的大责任，心怀一种大情怀，这样的责任和情怀并不是非要能力超凡的伟人才能做到，平常人也一样可以具备，如同太阳与蜡烛，二者发光的强度虽有天壤之别，但相同的地方都在于努力燃烧着自己，将自己的能量化为光亮无私的消耗，这才能称为"入世"，这从孔子的一生就可以看出，他并没有单纯为了自己而生存，他一生的动荡恰恰是因为他的入世，他自觉担起了拯救乱世的责任，不遗余力地推广儒家思想。他的入世造成了即生的失败，却成就了他的担当，儒家思想在后来在中国社会当中的重要地位不用多言，可以说正是儒家思想在主导方向上，使得中国成为"中国"。

在中国传统文化中，儒家文化的核心要素无疑就是"入世"，甚至可以说"入世"这个词和儒家文化等同起来。儒家文化有一个起点，同样也是核心概念，那就是"仁"，从字形结构来看，一个人和一个二，旁边这个"二"是这个字的核心，有着大约两层含义。其一，一个人与一个二并不代表是两个人，而是象征着人与人，也就是说，仁字所代表的是一种"关系"，仁不是一个固定的概念，它表达着对人与人之间关系的理解与处理；其二，既然是对人与人之间关系的认知，那这个关系的依据是什么，如何去认知，这就要回到"二"的第二层含义，即对天地的象征，两横代表着天和地，人与人之间关系认知的依据在于对天地的依靠，从字形也可以看出，一个人依靠天地而生存，这里并不是人去法天法地的意思，而是说要依据人性当中天赋本有的善,去发现它并且依靠它,有了这个基点,从这个基点出发而推己及人,人与人之间的关系也便有了依据。

"仁"既是一个基点,同时又代表着人与人之间的关系,从这个基点出发而推己及人,从内出发而显现于外,内外一致,便可以称为一个内心具"仁"之人。若要成为一个入世的人,必须先具备一个核心要素,那就是"仁"。至于"仁"本身是什么,孔子几乎没有给出过一个确定的答案,只是提供了很多形容词来描述"仁"的外貌,这恰恰说明"仁"并不是一个可以定义的固定概念,而是要做到一种"尽心",原则是把自己的心放在别人身上,也就是所谓的"仁者,爱人",这可以说是一条总的原则,一个具备仁心的人,一定是爱人的,只要符合这个原则,就可以称为仁者,至于如何去爱,怎么去表现,并没有一个固定的限制。进一步细化来分析,孔子认为仁有两个基本的原则,即"克己"与"复礼",克己就是克制自己肆意妄为的私欲,复礼中的"礼",并不是说要去死搬硬套的恢复周礼,而是要恢复周礼的精神,即恢复一种秩序,礼的内涵即象征着秩序,这种秩序就是要名实相符,每个人在社会中都会承担着某种角色,在这个角色范围内尽到该尽的义务,这就是礼。比如身为一个儿子,一定要孝顺父母,这就是复礼,但是复礼的前提是克己,如果作为一个儿子,是为了侵吞父母的财产而去孝顺,这就不是克己,孔子有所谓"人而不仁如礼何"之问,就是这个道理,不克制私欲的话,仁心便无法显现,这时的复礼也就没有任何意义。

但是人们总是不满足于孔子的这些解释,一直在不断地追问,不过孔子并没有松口去给个定义,只是更细致地描述了具备仁心的人可能具有什么样的品质,比如孔子说具备"刚、毅、木、讷"四种品质就可以说接近了仁的标准,在质朴并且谨言慎行的同时还不失刚毅果断,从这里可以看出,"仁"还符合一种中道。当然孔子还给出过更细致的特点,比如说具备"恭、宽、信、敏、惠"五种品质,在针对不同个体的教化过程中,仁所表现出的方面也因被教化的人而异,但有一个总的原则不变,那就是前述的"爱人"。"仁"作为推己及人的一个原点,可以划出纵横两条线,纵向的推己及人为"忠",横向的推己及人为"孝","忠孝"构成了"仁"的两翼，与此同时，忠孝也可以说是仁的不同形式的变现，好比一个人，在家充当了父亲的角色，在单位可能充当着领导或者下属的角色，但不管处在什么位置，都是同一个人，仁与忠孝的关系也是如此，以仁为起点，向上向下显现为忠，向左向右展现为孝，同时为国尽忠与在家尽孝同样也是一体两面，孝其实也是在家中向父母尽忠，向皇帝尽忠也是在更广范围内的尽孝，最后还是都归结于"仁者爱人"，忠孝则是怎么去爱的问题。

以上从儒家创始人孔子的一生以及儒家学派的核心理念简要探讨了儒家文化的"入世"本质，一定是具备了"仁心"才能称得上是"入世"。但恰恰正是儒家文化这个核心理念"仁"，使得儒家文化不仅具备入世的本质，同时也兼具了出世的维度。儒家文化的"仁"是一个基点，一旦有了基点，就会随之而来具备一种稳定性，一种"造次必于是，颠沛必于是"的稳定性，不为外物所动，这本身就使得儒家文化有了一种出世的维度，但由于孔子的态度是六合之外存而不论，因此使得这个维度被控制在了入世的范围，并没有伸展出去，同时也使得儒家具备了一种继续延伸的潜力。孔子认为天下有道的时候君子应该站出来勇于担当，天下无道的时候则要隐藏自己，这就说明入世是讲求智慧的，需要择机而动，并非盲目而行，这里的无道则隐就已经暗示了一种出世的维度。至于该如何隐，孔子最喜欢的弟子颜回做出了表率，孔子评价他能将心安于极其简单的物质生活中，常人在这种生活中"不堪其忧"，颜回则"不改其乐"，这里有个"改"字很重要，说明颜回这种品质是稳定的，不随外物的改变而改变，这就是具备仁心的品质，孔子也明确说过，颜回的心可以"三月不违仁"。同样，前文提到过的孟子的"大丈夫"标准，也是勇于担当且不为外物所动，孟子以此来勇于入世，颜回则以同样的品质来避世，这里不能用出世来表示，只能说是一种出世的维度，儒家出世的后路其实是被孔子给切断了，变成了一种"潜力"。

但是儒家的这些特点恰恰又变成了与佛教得以接驳的前提条件，二者有了相互理解与相互对话的可能性。佛教是以"出世"为本质特征的宗教，不为外物所动是佛教所倡导的佛教徒应该具备的品质之一，当然这里的不为外物所动并不是说让心变得和石头一样硬，而是要让佛教徒内心的善念得以保持，不受外界的影响而改变，时时刻刻不让自己落入贪嗔痴等因我执而起的恶念中。佛教出世的特征正好能与儒家出世的维度相衔接，儒家的不为外物所动的品质在于内心所不变的"仁"，佛教与儒家所要守护的内心境界并不相同，但是其不为外物所动的品质则使二者有了可以相互理解的平台，前文分析的僧人的案例中不难发现，在关于唐代僧人的记载中，僧人也很喜欢以儒家的颜回来自比，或者以颜回的品质来赞扬其他僧人，颜回的形象就成为唐代中国僧人理解佛教进而定义自己的一个通路。除了出世特点上可以做到相互衔接，在入世方面，孟子的"大丈夫观"同样也可以与大乘佛教的菩提心做到相互比附与理解，这同样也是唐代僧人在描述佛教徒该怎么做时，经常提到的标准。总而言之，儒家文化具有入世的本质特征与出世的潜在维度，这为中国僧人全面消化和理解佛教提供了基础的视域和可能的平台。

（三）作为唐代僧人"眼睛"的儒家文化

往往我们自以为熟知与平常的东西，恰恰是我们最为陌生的，黑格尔告诫我们"熟知非真知"，其目的应该是打掉我们的自大，与此同时激发我们的反思。人类自诞生之日起便"理所当然"的生存于这个世界上，活在所直面的现象里，为了生存以及不断扩大的生存需要而奔波劳碌，随着对物质世界的不断开拓，人们关于生存的知识不断积累，随之而来的就是人们不断增长的自大之心，我们认为自己越来越能主宰这个世界，殊不知我们对生活了数百年的、熟悉的再不能熟悉的周围世界，却是一无所知。神谕曾说苏格拉底是最有智慧的人，苏格拉底听后大惑不解，于是遍访当时有名的智者，后来终于认识到，神之所以这么说，正是因为他认识到自己的无知，苏格拉底的无知并不是我们认为的那种真无知，而是他没有将自己陷于追逐外在世界的游戏，与世人不同的是，他将求知的方向转向了自我，寻找内在的那个本质的"善"，这不仅是人的根据，同时也是万事万物的根据。外在事物纷繁复杂，若我们以有限的人生去追逐无限的外在事物，最终只会一无所得，于是苏格拉底隐约表达了一个意思，即认识一切其实都是在认识自己，认识到自己内心中的"善"，就能把握住一切的本质。因此，在认识外物的知识方面，苏格拉底是看似"无知"，但在认识万物本质的方面，他却又"无所不知"，这也许就是神谕他是智者的原因。

欲要认识世界，必先从认识自己开始，这是古代先哲的智慧。因为如若单单追求外部世界的知识，所得到的永远是片面的、琐碎的东西，反过来从认识自己开始，则得到的是一个整体本质。这也是所谓"看见"与"看到"的区别，"看见"是描述一个客观的生理过程和结果，"看到"就有了一个赋予意义和得到意义的过程。打个比方，一个在北京长大的中国人和一个对中国非常陌生的外国人，当他们同时站到故宫门前，对于两个人来说，眼前看到的东西对他们来说没有什么差别。"看见"的层面不去论，这对于一般人来说是相似的，而"看到"了什么，其中就有了深刻的意味。其实在日常生活中，"看见"与"看到"往往在我们的感受里是合二为一的，如果不去反思的话，我们会认为看见的就等于看到的，当我们看到故宫，会很自然地脱口而出"皇帝住的地方真雄伟精致啊"，类似的感叹总是从我们的心中自然而然的流出，就好像那是一片客观的建在那里，理所应当的为中国皇帝所居住的处所一样。实则不然，我们脑中已经有了一套极为熟悉的判断过程，以至于我们把眼前的一切当成绝对客观的存在。现在再回到上面那个例子，从"看到"的角度而言，北京土生土长的中国人与对中国完全陌生的外国人所看到的故宫，其实都是他们看到了自己，是自身投射到建筑群上，又从建筑群上反射到我们的脑中，于是中国人看到了中国古代雄伟的皇权象征，外国人看到了与本国相异的异域风情建筑，仔细想想，其实二者都只是看到了自己，换句话说，是从认识自己开始来认识外物的。

既然认识外物起点在于认识自己，那么随之牵涉出一个问题，即认识自己的什么呢？至少从哲学诠释学的理论来看，所要认识到的自己，就是在先构成自己的生活世界，这一点在前文已经分析过，就是我们"前理解"的来源，是这种传承的文化在前地构成了生于此中的我们，使得我们在观看和理解外物的过程当中有了可以去理解的工具，有了一个先行的

"整体",认识到构成自身的这个在先的"整体",这个整体也会随着认识的推进而不断扩展。当我们看到故宫,在先构成我们的文化整体就迅速将"故宫是什么"的样子投射到眼前的建筑物上,于是我们"看到"了故宫,这一外在的异己之物得以被我们理解,消融在先在的构成我们的那个"文化整体",成为我们熟悉的事物,而在我们的常识看来,似乎是眼前的建筑群向我们诉说了一切,这其实是一种错觉。

前面详细分析了我们"理解"的过程,在面对一个异己之物时,我们往往从认识自己开始,以自己的前理解来赋予对方意义,从而使其变成我们所熟悉的事物,这是理解结构的第一步,同时也是最关键的一步,因为这一步往往不被我们认识。明白这一过程,就容易明白唐代僧人对佛教的理解,以更宽的范围来说,其实佛教传入中国之后,中国人对于佛教的理解都符合这一过程,以唐代僧人为例则可以以小见大。理解佛教的过程,同样也是理解自己的过程,在理解佛教之先,僧人就已经在和将要被理解的佛教开始了交流,那就是对自己的理解,这一点结合唐代僧人的案例就容易理解一些。唐代僧人这一身份是后得的,在这之前,他们首先是一名中国人,这个身份是在先的,也是理解的起点与根据。既然有着在先的身份,就会被这个身份所在先构成,从史料的记载来看,在先构成他们的就是以儒家文化为主导要素的中国文化体系,唐代僧人在先被这个体系构成,于是形成了他们的"视域",形成了他们用于理解异己之物的工具,即"前理解"。

我们能"看到"什么实际上取决于我们的"前理解",唐代僧人"前理解"中的主导要素就是儒家文化,于是儒家文化在这里就相当于僧人的"眼睛",决定了他们怎么去看待异己之物,怎么去理解异己的文化,也就是说,他们会将儒家文化前理解赋予到自己与周围事物的所有关系,可以说是视域的代入。就像前面所举的"故宫"的例子,并非是故宫决定了我们看到什么,而是看到故宫之前,我们就已经在理解着故宫,并且在看到故宫的时候将"前理解"赋予故宫。在理解佛教的过程中,唐代僧人会以儒家文化的视域来审视佛教,以儒家文化的色彩来对佛教进行"浸染"。具体到儒家文化的要素上来看有以下三方面。

　　首先是孝道，僧人不仅以孝道来审视自己同父母之间的关系。于父母尽孝也是孝道的基本维度，是融入古代中国人血液里的文化基因。在这个基本的视域下，唐代僧人会先表现出对父母的孝道，接着他们会把孝道前理解带入佛教的诸种关系，于是他们将师父自然而然地视作自己的父母，又把孝道带入自己与师父的关系。

　　其次是忠，僧人虽然身为出家人，却表现出了忠君爱国的种种行为，对皇帝尽忠，这是忠的基本维度。与此同时，他们也以忠的前理解来审视自己同周围一切的关系，他们与士大夫的交往，就是忠的一种变异，在这种交往中，他们自身其实也是以"僧人士大夫"的角色来自视的。此外他们还以忠来审视佛门中的诸种关系，比如护法活动这个看似很佛教化的行为，在唐代僧人这里就有了忠于佛门的情感维度。

　　最后是儒家的修身境界，比如仁、君子、大丈夫等理念，唐代僧人也用这些来审视和表达一名合格的佛教僧人所应该具备的境界。当然这并不是一种完全的取代，并不是说唐代僧人是以儒家的修身境界来取代了佛教的修行境界。

（四）"眼界"的跨边界延伸

　　"显隐之道"是道家文化常用的表现手法，我们所熟悉的太极双鱼图就很好地展现了"显隐"的内涵。黑色部分中蕴含着白色部分的根基与潜力，白色部分中也同样具备着通往黑色部分的要素，二者都呈现向自身对立面不断发展的趋势。在我们所存在的世界上，无论是一个人，还是一种文化或者一个作为审美对象的历史遗留物，都是以太极双鱼图这种"显隐互通"的方式来存在与发展的。

　　至少从现在的视野来看，时间无疑是单向的，多维的时间观目前也只存在于假想之中。时间的单向性决定了可能性的实现也是单向的，也就是说，在众多的可能性当中每次只能有一种可以在时间中展开，无法展开的部分则变成了一种潜力或者说属性而隐藏起来。好比我们作为一个人而生于世间，这就是可能性的第一个展开，这是一个主导的方向，在时间轴上，我们只能以人的方式而存在于世，就像一部交响乐贯穿始终的主旋律一样，我们没有成为物、动物或其他生命体，而是以人的方式存在，这就是我们实现的第一个可能性，也是一个基础的方向，我们是作为一个人而在时间中展开，在这个时间段内任何可能性的实现都在"人"的范围，这个"基础可能性"的实现是不会变的，在这个范围内无论我们成为什么，都超不出"人"的范围。接下来，人在一生当中还要不断展开，要生存与发展，人生道路的展开归根结底就是自身与他者之间种种关系的发生与处理，这就要取决于人的"隐"的一方面，也就是隐藏在人身上的各种潜在的属性与要素；从"显"的方面来讲，主导方面就是我们是以人的方式来生存与发展的，而在人的存在发展过程中，又会有潜在的要素不断地由"隐"变为"显"，这个"显"是在人生范围内的"显"。举个例子来说，我们在出生之时，基础可能性变成现实，以人的身份出现于世，此时此刻，我们身具无数种可能性，从这个意义来说，人是可能性的宝藏，活出来的人生只是冰山一角。这无数的可能性，使我们得以不断展开自己，不断与外界产生各种联系。我们有做父母的可能性，有成为音乐家或者运动员的可能性，有出国的可能性等，这些可能性与某些机缘与境域相遇，会由"隐"而"显"，形成我们每个人所特有的人生路线。

综上所述，降生时的我们同时也是一个充满各种可能性的集合，这是一个基调，之后的一切变化都不可能超出我们是人的这个范围。在这个范围内，我们要展开我们的人生，要与周围的一切发生关系，靠的就是我们身而为人所蕴藏的无数可能性。在总方向确定的前提下，我们蕴藏的其他潜在属性决定了我们将展开何种人生。

这个道理阐述清楚之后，就不难理解一种文化的自身展开，之所以前面用人的一生来进行分析，是因为文化的载体或者说媒介，无疑是人，文化是人的文化，没有人的存在也就谈不上文化，因此一种文化的自身展开与人的自身展开是非常相似的。儒家文化诞生之初，就是以入世的特质而显现于世人面前，这个入世的特征就是儒家文化的基调，是一个大的方向，之后儒家文化所进行的任何发展变化都是在这个范围内进行的。文化的发展变化也是决定于文化的"隐"的属性，前文已经详细分析过，儒家文化有着出世的维度，这是儒家文化的潜在属性，有了潜在的维度，儒家文化就有了与异质文化进行对话的平台，这样儒家文化才能不断将自己展开。反之亦然，佛教的基调包括出离心、菩提心与空性等次第要素在内的出世观，但也有着入世的维度，这点在以菩提心为取舍标准的大乘佛教中是很明显的。儒佛之间各自潜在的维度使得他们得以跨出自己的边界而相互延伸，但是这种延伸都是在二者主导基调的范围内进行，就像前述的人生一般，人的一生再怎么变化，也不会超出人的属性范围。

　　当儒家潜在的出世维度遇到了佛教，这个维度便被点亮了，儒家文化的视域边界由此得到了延伸，这样儒家在积极入世的同时，就有了一个精神的栖息地。儒家非常强调入世，但是好比一架发动机，不可能永远开足马力来运转，这样并不利于发动机的长期保养，反而会让其提前报废，虽说儒家有"仁"的修身境界，但这个"仁"如何面对负面的情绪，表面上并没有一个可操作的程序，缺乏一个确切的理解，或者说不可能人人的认知都如同颜回与孟子那样深刻，大多数儒士需要一个精神的栖息之地。这样一来，当儒家出世的潜在维度遇到佛教而被点亮，儒家的"仁"其实就有了佛教修行境界的维度，以上的问题即得到了化解，儒家文化在积极入世的主导之下，同时也有了一个退路，这个退路仍然是颜回所安住的"仁"，但却有了不同层次的意义，有了佛教终极境界的新维度。再回来看佛教，佛教入世的潜在维度遇到了儒家文化，其实就点亮了通往佛教终极境界的一条儒家式的道路，入世与出世可以并行，尽孝与出离可以相协调，尽忠与出离也可以相协调。忠孝原本是儒家积极入世的手段，同样也是儒家君子修身的标准，可以说是儒家文化的两翼，当这两翼遇见了佛教入世的潜在维度，忠孝就成为通往佛教终极境界的新的通路。儒家出世维度的跨视域延伸与佛教入世维度的跨视域延伸，并没有影响二者入世与出世的本质特征，反而对二者的本质特征有所助益。二者虽然连接了起来，却没有因此而丧失独立性，反而较之以往更加独立，这就是视域跨边界延伸的结果，他们的新维度都是自身不断展开的必然结果，在未来也将继续展开。

二 在"入世"中从容"出世"

(一)"对话"的奥秘

一种文化的传承与发展从根本上来看是这种文化自身的不断展开，在这个前提下，文化内部的隐性属性在自身展开的过程中则由隐而显，这就是文化发展的整体结构。在展开的过程中，文化诞生的起初基调，即基础的显性方面，规定着这种文化的范围与发展方向，比如入世性之于儒家。文化内部隐藏的属性是文化展开的工具，是文化向外展开的通路与触角，决定了文化以一种什么样的形态出现，但文化中的隐藏属性在展开过程中的由隐而显的进程并不是凭空进行的，当其探出现有的文化结构之外试图进行延伸时，如何延伸就成了问题。前文有述，文化自身展开好比一个人的成长，作为基调的显性属性是人，内部隐藏的诸种属性决定了他将来的展开，也就是说决定了他成为什么样的人，但如果将这个人放在一个与外界隔绝的"无菌"环境中，他还会成长与展开吗？从生理学上来讲，他无疑会不断长大，但身体的长大不代表他会"成长"，即使他看似成人模样，在心智上也是处于基点的孩童状态，因为他作为一个人，内在隐藏的各种属性在这种环境中没有展开的机会，失去了由隐而显的路径。

人必须在社会当中且身处各种关系中，才能完成心智的成长，才能完成人生的全面展开，这是人的内在隐藏属性由隐而显过程的必要条件。在这个条件的前提下，人究竟会展开成什么样子，会变成什么样的人，则取决于他所身处的生活环境，这也是每个人的人生千差万别的原因。一种文化的自身展开，其实与人生的展开所具备的要素是近乎相同的，究其原因，就是因为文化的核心要素是人，有人才有文化，文化是依存于人而产生与发展的。从文化本身的视角来看，人恰恰成为文化展开自身的境域，对于文化来讲，人的历史就是文化自身不断展开的过程，透过人，即可以看到文化向着自身不断展开的进程。文化内部隐藏的属性与要素欲要由隐而显，也就是文化的展开，则通过人来进行与显现。文化展开的结构清楚了，由隐而显的过程要通过人来显现，那么又牵出一个问题，由隐而显的这一最为重要的环节具体是如何实现的呢？恰恰是通过人与人之间最基本也是最普遍的交流方式，即对话来实现。这个我们最为熟悉的生存方式正是文化不断展开的环节，也比较容易被我们忽视。

文化的展开透过人而显现，因此文化的展开同样符合人展开的结构特点。单数的人或者说单个的群体，是有限的，本身具有历史性的特点。但是当其变成一个结构，变成人与人或者群体与群体，这样就能突破有限性的局限，从而朝向无限性全体的方向前进，单个的人或者群体在此就成为无限全体当中的一个有限的环节，看一种文化的发展就要以此为着眼点，不能割裂看待。那么人与人之间的衔接靠的就是人本身最为基本的延伸自己的方式，就是"对话"，"对话"不仅限于两个人之间，将其范围扩大，凡是对立的双方能够进行互融的交流，广义上都可以称为"对话"，这种交流最为基本的方式就是人与人之间的交谈。人往往是通过异己之他者来认识自己，若没有异己他者的存在，我们无法认识到自身所隐藏的属性，自然也就无法将其由隐而显地展开在时间中，当我们与他人交流时，我们在看书、旅行等过程中往往会灵光一现，在这一时刻，自身中潜藏的属性得以被"点亮"，从而由自身中延伸出来，自身在此时得以展开。好比一个从没有接触过音乐的人，当他第一次听到贝多芬的交响乐，当他与异己的显性音乐进行交流的时候，也许会在这一刻被深深震撼，内心对音乐的体悟与渴望在这一刻被他自己所意识，从外界来看，他与音乐进行了交融，从他自己的角度来看，他进一步认识了自己，于是他也进一步展开了自己。作为当事人，这种向外的欲求他是感觉不到的，但是一旦隐形的触角接触到了外界某种显形的因素，这种欲求便会被当事人意识到，相应的潜在属性也会由隐而显。

一种文化的诞生与自身的展开都是依存于人，以人作为境域来显现出来的，因此上述属人的结构特点就是文化自身展开的特点，一种文化是通过人来延伸自己进而认识到自己所潜在的属性，潜在的属性由此由隐而显，文化自身得以进一步展开，可以说人本身是有形的文化，文化则是无形的人，人在这里充当了文化自身展开的工具。这种展开靠的是对话的形式，通过对话，文化自身隐藏的要素得以由隐而显，因此，接着就需要继续深入，进入"对话"本身的结构，看看"对话"本身又是如何使得文化内部的要素由隐而显的。

（二）问题的先行与后显

"对话"是人自身展开的最基本的结构，是人突破自身有限性向着无限性展开的基本方式，一种文化本身的展开，也同样经由人这个通道来完成，这在前文已有分析。这一部分主要继续深入分析"对话"本身的结构特点。前文叙述过，文化的展开是自身的隐性要素由隐而显的过程，这一过程靠的是"对话"的形式，但是由隐而显本身已经是文化展开自身的一个结果，过程如何取决于"对话"本身的结构。

伽达默尔认为，谈话是让某种东西"显露出来"和涌现出来①，这种显现出来的东西就是对话所达到的"一致"状态。所有的对话都是为了达到意见上的一致，对立的双方上升到一个高于二者的、可协调一致的平台，使双方的问题与矛盾得到平息与协调。对话的目的就是使对话双方达成一致，相互理解，双方的想法在一个更高的平台上得到展开。一个从没有接触过音乐的人，当他第一次接触到悦耳的音乐时，起初他与音乐是相互对立的，当他震撼于音乐的优美而沉浸其中时，他所潜在的热爱音乐的属性便由隐而显，当下他所产生的悦意与和谐，实际上就是他与音乐之间达到了一种一致的状态，双方在此时都得以展开，他点亮了自身音乐的属性；音乐本身则因倾听者私人的理解而多了一重解释维度，由此而双方达到和谐，这是人与异己之被欣赏对象之间的对话。两个人碰到一起开始聊天，聊着聊着聊到一个他俩共同认识的人，被聊到的这个人给这两人留下了截然相反的印象，一人对他欣赏，另一人则对他厌恶。此时这二人的意见开始鲜明对立，但当他们二人对被聊对象进行分析与谈论时，他们各自所怀有的对此人鲜明的情感倾向会慢慢淡化下来，这就是达成一致的开始，最终他们二人会对谈论对象各自都有了一种多维的认识，他们所达成的一致，就是在他们的认知中得到了一个更为全面的此人的印象。更为关键的是，与此同时，这个被他们所谈论的对象在二者达成一致的当下也得以展开，成为一个多维的人。对话的二人分别带着被谈论者在这二人眼中

---

① 〔德〕伽达默尔：《诠释学I真理与方法》，洪汉鼎译，商务印书馆，2010，第539页。

的显性属性而开始对话，二人的认知对于彼此来讲则属于潜在的属性，二人达成一致的时候，对于彼此而言的潜在属性由隐而显，被谈论者此时通过二人的对话而展开得更加全面，二人对他的印象也各自增添了新的维度。

对话使双方由对立到融合，归根结底是"问题"的解决，"问题"是对话的本质结构，既然对话的结果是双方达成一致，那就一定是对某个问题的解决，对问题疑问的消除，问题解决了，疑问消除了，便达成了一致。当对话开始进行之时，其实也就是问题开始解决之时，对话的双方此时一起统摄于问题之下，问题在这里成为对话双方的桥梁与纽带，双方被卷入其中，直到问题的解决。伽达默尔认为，当双方在对话过程中，随着对话的不断深入，我们就会逐渐发现，对话的进程往往不再被对话的双方所把控，这时候对话真正要显现的东西就会随之渐渐浮出水面，即不是对话双方来引导对话，而是对话双方落入对话本身当中①，被对话卷走。从这里就可以看出，在对话开始时，对话双方其实就已经在不知不觉中被一种更高的东西所引导，当双方最终达成一致时，这个更高的东西则显现出来，这个更高的东西就是"问题"，当双方开始进行对话时，在双方没有意识到的时候，他们已经卷入了"问题"的引导之中，对话本身就是对话双方的相互打开，朝着对方敞开自己，敞开即是提问，关闭则不会产生疑问，敞开之时，双方内在隐藏的要素有了由隐而显之欲，正是这个动力使得他们相互提问，同时问题也将二者如同漩涡一般卷入更深的层次，但是"问题"在一开始并没有显现出来，只是在先引导着双方，当双方达成一致，问题得到解决，这时候方才显示出来真正的"问题"所在。因此，对话的深层结构就是"问题"，"问题"在对话双方对立之初便已经先行引导，并且在双方达成一致之时而以得到解决的方式显现出来。

先行而后显的"问题"引导着双方的对话，并且在对话达成之时显现出来。所显现出来的正是双方内在隐藏的属性，它们以一种欲求的动力，在不知不觉中构造着"问题"，并且随着它们由隐而显，"问题"也随之得到显现与解决，结果就是对话的双方都得到了展开，双方在一个更高的平

① 张隆溪：《阐释学与跨文化研究》，三联书店，2014，第169页。

台上通过问题的解决而整合起来。通过对记载唐代僧人史料的分析发现，唐代中国佛教的构建符合前述的过程，下文将详细分析唐代中国佛教面对与解决的问题。

（三）儒家式的出世

儒家文化的内核是其入世特征，同时也具备了隐性的出世维度，这也是儒家文化的一种潜力，这在前文各部分已经做过详细的理论铺垫，在此不再赘述。儒家文化可以说是古代中国的底色文化，是中国人身份认同的重要依据，它使中国人成为中国人，是构成古代中国人的核心要素或者说主导要素。文化对人的构成形成了人的"前理解"，这一过程当事人往往意识不到，就好像鱼儿生活在水中一样，它们往往意识不到这个事实，只是在以这种状态来生存，鱼儿游在水中这个看似是常识的事实，只是站在岸上的我们以旁观者的身份而观得，因为相对于鱼儿来讲，我们作为人无疑是一种异质的存在。作为中国人，身处于儒家文化的传统之中，这个传统在先构成了我们，但是我们并没有明确地意识到，甚至很自信地以为我们所接受的文化传统是主动选择的结果。作为中国人，尤其是古代中国人，当被问及该如何处理他们与父母之间的关系时，他们中的大部分人都会毫不犹豫地脱口而出，那就是要尽孝。"孝顺父母"这个看似是我们主动选择的理念，实则是传统在先赋予我们的，它构成了我们，传统就像我们的眼睛，无论在看什么，都是在看传统。儒家文化的其他理念，比如忠、仁等，也是同理。

前文已经分析过，儒家文化就是唐代僧人的眼睛，他们审视周围的一切，其实都是在回顾在先构成自己的那个儒家传统，这是中国人跨不过的基础视域，就好像一个人永远也无法变成别人一样，他能做的只能是通过自身隐藏属性的由隐而显这样的过程来展开自己，但却做不到跨越自己，换句话说，他只能带着自己的基础视域去"理解"，理解的结果就是对话双方的共同展开，属性的相互衔接。中国人以入世的儒家文化为基础视域，以此为基点来向外审视，其实从儒家文化本身的视角来看，就是儒家文化以中国人为境域、触角，以此来向外"欲求"，进而展开自己，这种

"欲求"就是以人为窗口向外敞开自己,于是对话的一方准备就绪。对话的另一方就是以出世为内核的佛教,印度是佛教展开的起点,佛教在印度的展开渐渐失去活力的时候,佛教自身要继续展开的这种欲求也同样要求佛教跨出印度去寻找新的接驳点。佛教可以在印度展开其潜在要素已经不断由隐而显,呈现穷尽的趋势,但是佛教"整体"的无限性决定了佛教不可能在印度就能得以全面展开,内在潜在的要素产生了佛教继续向外展开的欲求,于是佛教向外打开自身,对话的另一方也准备就绪。

这里还要阐明,并不是任何的双方都有对话的可能,对话需要前提,就是对话双方均存在可以与彼此主导方向相接驳的潜在要素,如果不存在,双方可以对话的可能性就很低,即使双方进行了形式上的对话,达成一致也几无可能。好比一个以杀生为善举的文化群体和一个以杀生为恶行的文化群体之间,两个群体要对话协调关于"善"的问题,即使双方可以成为对话的两端,也不可能达到协调与融合。因为对话双方的文化中没有能与彼此主导显性要素得以接驳的隐藏属性,因此便很难有对话的可能性。前文已有分析,儒家文化与佛教之间则完全具备这样的条件,主导的核心要素虽然不一致,但是双方文化的隐藏属性当中都有足以与彼此对接的可能性,存在着这种"欲求",双方可接纳彼此的范围非常大。

对话的双方已经准备就绪,并且符合了对话的可能,因此二者的交融便成了必然的趋势。儒家文化的显性要素是入世的特征,这是儒家文化的基调,而佛教的显性要素是出世特征,这同样是佛教的基调,儒佛之所以为儒佛,就在于二者的基调。双方的显性方面即二者的核心特征,则决定了连接二者的"问题",那就是入世与出世相融合的问题,儒佛二者相互朝向对方打开,相遇之时便提出了这个问题,儒佛两家都要在保住自己核心特征的同时还要通过对方来展开自己,精确一点来说,这个连接二者之间的问题就是"如何入世的出世",这里的入世变成了一个形容词,再进一步精炼就是"如何儒式的出世"。

在佛教传入中国初期,实际上就是这个问题在引导着儒佛二者的发展,其间也经历了诸多探索。至少从有关唐代僧人的史料来分析,唐代僧人主要解决的就是这个问题,并且这个问题在唐代得以显现与解决,儒佛二者事实上也是在唐代达成了一致。当然处于时代当中的他们可能无法明确意识到，只是不知不觉按照文化融合的规律走了出去。从佛教传入中国的历史来看，儒佛二者争论的主要问题实际上更倾向于伦理方面。在唐代之前，儒家学者每次在质疑佛教时，主要也是批驳佛教的所谓"不忠不孝"，这可以说是贯穿二者争论始终的主题。但是实质上，是否忠孝的问题其实就是佛教违背了儒家入世特征的问题，因此笔者前面提到的引导儒佛二者对话方向的问题，即"如何儒式的出世"其实也就是佛教传入中国以后潜在的并且具有普遍性的问题，这个问题直到唐代才得以解决，也就是在唐代法慎法师传记当中提到的所谓"佛教儒行合而为一"①，从史料记载来看，唐代僧人在处理出世与入世关系的问题上内心还存在矛盾。虽然在情感上还存在着张力，外在还是与儒家不断地论争，但在实际的生活与修行的实践上，他们其实已经在践行着"儒式的出世"这样的佛教新维度，儒家文化作为前理解而在先构成着唐代僧人，因此如何"儒式的出世"这样的问题也必将在先引导着以唐代僧人为媒介的儒佛对话的方向。这个佛教传入中国后的提问，在历代中国僧人的探索中于唐代得到了圆满的答复。

第二节　佛教中国化问题的再审视

一　本土化提法的结构与解构

（一）提法的分析与问题的提出

本土化问题是跨文化传播领域中一个非常普遍的问题，也是文化在发展与交流过程中的一个必然趋势，其实不仅仅局限于跨文化传播的领域中，只要存在着对话交流的双方，就都会存在一个"……化"的问题，这可以说是一切以属人的交流中最为基本的结构，只是这个最基本的结构在跨文化传播领域中以本土化问题的形式表现。比如最为基本的交流方式，

---

① （宋）赞宁：《宋高僧传》卷十四，范祥雍点校，中华书局，第347页。

即人际传播，两个人在互相交流的过程中，当 A 向 B 讲述一个观点或者想法时，一定要表达为 B 听得懂的方式，这样才能达到传播的有效性，这里面有两个关键的地方，其一是一定要变成 B 所能理解的范围，其二还要不失 A 的原意，这是人际传播之间的规律，两者缺一不可。如果 A 对 B 的传播没有解码为 B 所能理解的方式，那么这样的传播往往是无效传播，忽略了 B 方向 A 方的能动性反馈，最终只会将传播过程变得固化与僵硬；如果 A 对 B 的传播确实解码成了 B 所能理解的方式，但是却逐渐丧失了 A 方的核心原意，这样的传播最终会演变为流言传播，传播的消息本身变得不伦不类从而失去意义。

本土化概念这个提法实际是我们对外来文化传入本地所显现出来的种种变化的一种直接总结，是对现象的一种直接描述。从本土化的实际过程来看，无疑是符合文化传播的规律，符合上文提到的文化传播的两个原则。但就本土化这个提法本身而言，并没有很贴切地反映出文化融合的实际过程，当然这也是目前可以想到的较为恰当的提法。提法本身与实际过程的不相符合，就会隐藏理论上的危机，因为概念本身是描述实际过程最为重要的路径，若是概念不能将实际过程的内在结构进行一个贴切的反映，那很可能会引起理论上的歧义与危机。

具体到"佛教中国化"这个提法，这个提法有两个关键点，即"佛教"与"中国化"。这个提法告诉我们这样一个事实，即存在着一个佛教，且这个佛教进入中国以后被中国化了，这里的佛教指的还并不是佛教本身，而是起源于印度的那个原始佛教，我们习惯上称为印度佛教。这里就出现了提法中的第一个潜在危机，即将佛教本身等同于印度佛教。在第一个理论危机的基础上，就会接着引发第二个理论危机，就出在"中国化"上，将佛教等同于印度佛教后，"佛教中国化"实际上就暗含了一个预设，即印度佛教是我们该遵循的那个"最为正确"的佛教，这个"最为正确"的佛教来到中国以后产生了种种变化，即谓"中国化"，于是第二个理论危机出现，即"中国形态佛教的合法性问题"，也就是说这一提法本身就有隐患，就如同疾病一般，时间久了就会产生这样的疑问：佛教进入中国后这样的变化还是佛教吗？这样理论上的危机无疑是佛教本身发展的障碍。

第一个理论危机可以说是将佛教等同于印度佛教，这样其实是把"佛教"概念本身"关闭"了起来，没有将其打开，在佛教传播的实际过程中，佛教本身是打开的，并不是封闭的。而提法本身则倾向于将佛教封闭起来，将其凝固成一个等待主体去认识的"客体"，固化成了"印度佛教"。这样会在一定程度上限制了佛教本身的生命力，使它的起点变成了终点，就像是被囚禁在了那个遥远的古代印度。若将佛教本身仅仅等同于印度佛教，则可能会使佛教后续的发展有了一种潜在的"虚无性"，必然会出现关于佛教在中国的合法性的讨论，也就是前述的理论上第二个潜在的危机。那对于实际的信众或研究者来说，也可能会出现无所适从之感，从而可能分成两种思想倾向，一种是所谓的原教旨主义者，只认准印度佛教，只追求印度佛教，要去复原印度佛教，将其当成是唯一的标准；另一种则会走向另一个极端，即印度的佛教已经没有了，到了中国以后的种种变化才是真正的佛教，因此应该继续向着中国特色彻底走下去。两种倾向的分裂已经隐藏于"佛教中国化"提法本身概念的分裂上。第一种主张实际上很难去实现，因为印度佛教当时的历史背景、语言环境等因素已经很难去还原，去极端的追求原始佛教本身则很有可能会"扑空"。第二种，倾向于将"中国化"走到底的这方观点则更加危险，有可能会导致相对主义的生成，最终会动摇佛教本身的根基。

如何去看待这个问题，如何去弥合概念上可能存在的潜在危机，需要进一步去分析概念的结构。也就是说，佛教中国化的提法问题实际上可以进一步还原为另一个哲学问题——"何为真理"，也就是真理标准的问题。

（二）回到"佛教"本身

佛教中国化提法的问题，以及其中所存在的潜在危机的解决，这个问题可以进一步还原为一个哲学问题，那就是真理标准的问题，也就是何为真理，说得再通俗一点，即什么是对的，我们应该遵循一个怎么样的标准来看待佛教在中国的发展。真理问题的整个发展脉络，在本书第一章有较为详细的分析。从人的本性来看，人倾向于确定的东西和确定的态度，因此很容易在现实中向两边偏向，拿佛教在中国的发展来说，前面也提到过，要么致力于以原始印度佛教为唯一标准来认识佛教，要么认为佛教应该完全追随时代的潮流而动，应该彻底的改变，这容易走向两个极端。人很难接受比如"关系""动态平衡"这样的概念。所以在西方哲学的发展过程中，本来是对"存在"问题的探究，最后演变为对"实体"的研究，这大概就有着人性本身倾向的原因。海德格尔敏锐地看到了哲学发展的这一倾向，于是主张重新回到"存在"上来，重新衡量真理的标准，到底该如何去认识这个问题很值得思考。

因为人性的这个特点，我们往往容易被传统的真理观影响，即认为有一个确定的，可以作为明确标准的，可以一切向其靠拢的真理，有这样一个对的标准存在。人对真理标准的这种人性上的倾向，之所以称为人性的特点而非缺点或者是弱点，因为就人类实际的生存发展来说，这种人性上的倾向恰恰是有利的，从这方面来看实际是可以称为优点的。在实际的表现上，就是对各种信息一定要有明确的分类和归纳，就是我们平时常说的"贴标签"，对于那些无法明确分类和归纳的事物，则常常为人们忽略。这样做可以节省生存的成本，便于快速判断周围事物，省去了很多烦恼，是符合人类趋利避害本性的一种生存倾向。但是这种倾向的劣势就在于容易让一些无法明确做出判断的问题被淹没、被忽略，同时也容易使得本来相互联系的整体之间出现不同程度的分裂，容易将不属于某一类的问题与这一类进行简单的等同。

概念上隐藏的类似危机之所以无法避免有以下三点原因，首先，在于根植于人性中的真理观倾向；其次，语言本身也很难用较为简练的概念表达某种实际的进程；最后理解与认知上的方便。这种真理观的缺陷，也是海德格尔致力于去纠正的，将"存在"问题固化为"实体"来研究，同样导致了真理概念本身潜藏的危机，那就是对真理本身的割裂，割裂成了主体与客体两个方面，同时，将"存在"等同于"实体"，这种固化也丧失了真理本身的生命力，将真理的潜在部分"冻结"了起来，禁锢了其展开。海德格尔看到了这个问题，于是从"实体"又返回到"存在"本身，将真理从禁锢中解放出来，"实体"只是真理的属性之一，真理本身永远是一种"可能性",无限的走向它自身的全体,沿着这个道路将内在的潜在要素不断展开。与传统的真理观指向过去不同,海德格尔的真理观是指向未来的,真理永远处于可能当中,处于不断自我展开的状态。

回到佛教中国化的问题,对于佛教的发展问题来说,一定要"回到佛教本身"。将佛教等同于印度佛教的传统看法,其实是冻结了佛教本身所潜藏的无限属性,而将佛教固化为印度佛教,这样的话会在理论与现实上为佛教的后续发展带来"虚无"的潜在危险,佛教在中国的发展是否具有合法性这样的疑问便是这种危险的体现。因此应该如同海德格尔把"存在"从"实体"中解放出来一样,对于佛教发展的看法,也应该把佛教从印度佛教的模式中解放出来,回到佛教本身来看待佛教的发展,这样就能将佛教从印度佛教的模式当中解放出来,面向未来,面向自身的全体而不断展开。在此时,印度佛教成为佛教展开过程当中的一个环节,就好比一个人的身份,相信我们在看待人生的时候肯定不会将人等同于人生当中的某个阶段,比如将人等同于孩童时期。有一些具有心理创伤的患者,他们往往会将自身锁闭在曾经经历过的某段人生中,这就是将人固化等同于人生中某个阶段的案例,他们只活在那段回忆中,因此后续的人生对于他们来说就变成无意义的事件。

将视角从印度佛教回到佛教本身,那佛教中国化提法中可能隐藏的分裂危机就会得到化解,佛教与中国化之间便可以统一起来,印度佛教是佛教自身展开的一个环节,佛教在中国的发展同样是佛教自身展开的环节之一,从佛教本身这个视角来审视佛教的发展,就能将佛教发展的各个环节都统一起来。由此而看,佛教在中国的诸种发展与变化也无疑具有了合法性的地位,汉地佛教是佛教无疑,推而广之,藏传佛教等其他佛教样态,同样都是佛教无疑。佛教不可能以一种完全不变的样态永恒存在,好比一个人在人生当中的各个阶段与各种身份,无论怎么变化,都是这个人的变化,而非变成了别人。如同王昌龄的诗句"秦时明月汉时关",同一轮明月照亮了不同时代的兴衰,不同时代的人们赋予了这同一轮明月以不同的意义,无论这月光照亮的是悲还是喜,无疑都是同一轮明月意义的展开,月终归是由人而明。

二 佛教的中国"显现"

(一) 文化的本质是"显现"

谈及本质，我们第一念总想到一句话，即所谓"透过现象看本质"，在现象之外有一个本质的存在，现象在这里是应该被扬弃的，抓住现象之外的那个可靠不变的本质才是目的，于是现象与本质分裂开来，本质固化为一切现象的唯一依据，一切都要向这个高高在上的本质靠拢。这样一来现象就变得没那么重要了，现象成了虚幻的、无关紧要的，需要越过的部分。因为就我们的经验来讲，在我们目之所及的世界，没有一样东西是常住不变的，一切都在不停地变化，实在找不到一个支点，但是这些不断变化消逝的一切又不可能平白无故的产生和逝去，一定有一个依据，于是我们会自然而然地认为现象不可靠，背后那个依据才是可靠的、不动的，需要我们去探究的。

其实我们也可以换个视角，所谓的现象终究是源本质而显现的，无论现象如何无常，如何变化，以何种形态出现，这些并不是虚无的，并不是无关紧要的，不能因为现象的流逝而忽视它。现象终究是本质的现象，没有本质也便没有现象，因此应该以这样的视角来看待现象与本质之间的关系，即海水与浪花之间的关系，大海常常会起风浪，时而波涛汹涌，时而静静流淌，在人们眼中的大海往往变化无常，变化无常的正是海浪的不定时出现，但是海浪再怎么变化，本质都是海水无疑，本质与现象是合一的，不用透过浪花才能找到大海，浪花本身就是大海，没有人会视海浪为幻化的假相。现象是源本质而出现的，现象本身就有着本质的结构在，并不必然分开才能理清，本质也并非必然是另存于一秘密之处的高尚之物。

可以这么说，现象虽然在不断变化，从来没有因为我们的关注而驻足一秒，但是现象本身并非虚幻不实，现象有其内在的结构，这结构就是本质，二者是合一的，无须去他处寻找。既然现象本身就是本质显现的境域，这样的话以传统的思维习惯来看，本质反而变得更加难寻。如果本质是那个在他处静静的、完美的单独存在，我们倒更加踏实。但现在变动不居的现象本身就窥见了本质，会使我们迷惑，本质到底是什么？如发这一问，说明我们依然为传统的真理观影响，还是认为有一个绝对稳定的根据在他处存在，这就忽视了现象的存在。另一方面来讲，又有可能走入另外一个极端，即认为现象就是本质，这种倾向则更加危险，容易走向虚无、自大与堕落。

本质到底如何，不在于其自身到底是什么状态，而在于其显现的过程，如果本质无法显现自身，那本质存在与否也就失去了意义。因此，换句话说，可以说本质就是"显现"。"显现"本身则意味着一种"关系"。康德认为我们之所以有着现在所认知的世界，由两方面决定，一方面是"物自体"，以视觉为例，我们无法跨越自己的视觉成像而看到之外的东西，但我们从经验可得，一定有着什么东西为我们提供了视觉所需要的现象材料，康德认为这个东西就是"物自体"，也就是"本质"。另一方面，这些杂乱无章的现象材料若想显现为有秩序的我们眼前的一切，这一步骤则依赖人的整理，康德称之为"知性"，其中有因果关系等范畴，这些范畴帮助我们整理着来自物自体的一切。康德是将本质与现象割裂开来谈的，此处举这个例子是为了清晰地描述"显现"的"关系"属性，这一"关系"就在于本质与其显现的境域，这个境域就是人。只有人适合成为本质显现的境域，但这并不代表人是决定本质的，不代表人可以为所欲为。前述本质的关键在于显现，而显现本身则表明一种关系属性，关系的两端是本质与人，二者呈现一种相互决定的关系。没有本质的决定，人无疑会走向虚无，一切现象也成为虚无，如果没有人对本质的显现，本质本身也就无从谈起，始终会处于"休眠"的状态。因此，本质就是"可显现"的结构，现象本身就具有本质的结构，二者合一就是"显现"。

尤其是与人更为贴近的各种"文化"，其本质也就更加符合这种"关系"本质。在这里应该做出一个界限，这里所讨论的仅仅限于"文化"，自然科学的研究对象则不在此本质观的讨论范围内，以免引起争议。前已有述，每种文化在诞生之初都有一个基调，这是其展开的基点，这个基点贯穿始终，每一次的展开无不是对这个基点的继续丰富，也无不是对这个基点的回望，这个基点蕴藏着无数的潜在属性，这些潜在要素有着向外展开的欲求，欲使这种文化向其全体进行展开。之所以说是基点而非本质，因为单靠这种"欲求"并无法展开自身，其进一步展开还需要一个舞台。

文化的本质在于其"显现"，而显现靠的就是基点与人之间的动态关系，人又是由其"前理解"构成，因此某种文化从其基点开始的不断展开，便会呈现出多元的特点，基点与人"前理解"的不断融合，就是人类文化的本质所在。好比挂在天空的一弯明月，它时而是科学家眼中自然科学的研究对象，时而是李白诗中"对影成三人"的人生旅伴，时而又是倒映在无数水域中的美景，等等。这些都是月亮本身意义的展开，都是月亮的本质所在，都是月亮在人的"前理解"中的显现，如若无人，月则不成月，如若无月，也无物从人中所显现。同样，佛教在中国的跨文化传播，同样具有这样的结构特点。

（二）对中国佛教形态的"直观"

本书将研究的时代背景定位在唐代，其中一个重要的原因就是佛教在唐代实际上完成了由"他"而"我"的转变，所谓的由"他"而"我"并不是一个彻底的变化，这种变化在文字上难以清晰，举个例子就可以一目了然。佛教在唐代的变化就好比蝴蝶幼虫的化蛹成蝶，唐代之前是佛教在中国"化蛹"的过程，真正成为蝴蝶而自由飞舞，则是在唐代。在中国的土壤上，佛教的"幼虫"已无力继续生存，它作为幼虫的所有潜力已经在印度这片土壤上几乎全部展现了出来，变成了现实。于是来到中国的佛教开始"化蛹"，在唐代终于"成蝶"，飞舞的蝴蝶与之前的蝴蝶幼虫并非两个完全不同的物种，它们都是"蝴蝶"这一概念全体的不同样态，蝴蝶作为概念的全体既不等同于之前的幼虫，又不等同于之后从蛹中化出的蝴蝶，蝴蝶概念本身是一个开放的"全体"，与此同时，飞舞的蝴蝶与之前的幼虫之间也是"你中有我，我中有你"，它们都是蝴蝶无疑。当然这只是以蝴蝶做一个简单的比喻，蝴蝶可以走向其全体，但是佛教则只会向其全体无限接近。

这种转变，我认为有一个标志性的人物及其相应的经典，那就是禅宗的代表人物慧能大师以及记载他思想的《坛经》。慧能大师主张学佛修行不能拘泥于外在的形式，众生自性本来就是佛，众生皆有佛性，这个佛性并不是向外求来的，自性是佛则无不是佛，山河大地等一切都是佛性的显现，只需要去发现我们的本性就好，发现的过程靠的是慧能大师 "顿悟" 的方式。因此悟道的方式就变得多种多样，从记载禅宗大德的传记中可以看出，有的因某个声音而悟道，有的因为某个场景而悟道，有的通过与师父的交流而悟道。慧能大师的佛学主张，周裕锴先生认为是自性的权威颠覆了经教的权威①，这里的 "颠覆" 二字我认为有点过于割裂中国佛教与印度佛教，过度强调了变化的一面而忽视了联系的一面，容易被误认为是慧能大师在中国又自创了一个 "新的佛教"，实则不然。我认为可以用 "突显" 二字，佛教中本有的强调自性的方面，在中国的环境中得到了 "突显"。这是佛教本身在中国境域中的展现，是佛教自身潜藏的属性在中国的 "说出"，是唐代中国佛教学者历史性的解答了佛教进入中国所提出的时代问题，即 "如何以入世的方式出世"，慧能大师在理论上给出了答案，即《坛经》中所谓的 "佛是自性作，莫向身外求"，终于化解了儒家伦理与佛教修行之间的矛盾，从理论上与生活实践上将中国佛教信徒从纠结与束缚中解脱了出来。

但这绝不是慧能大师另创了一个 "新佛教"，这其实是在本质上符合了文化发展的 "视域融合" 本质。慧能大师的佛教理论在根子上是指向 "出世性" 的，这是佛教创自印度本有的核心要素，这一核心要素随着印度佛教进入中国后逐渐脱掉了印度佛教的外衣，进而以中国的方式最终 "说出"，那就是 "儒家式的出世"。伽达默尔认为对于精神科学对象的认识，也就是由人所创的诸如文化、历史、国家等，对它们的认识并不是要去达到一种规律性的认识，不是去探寻这些 "到底是什么"，而是去理解这个人，这个民族，这个国家是如何成为今天这样的。② 对于佛教的审视其实也应该抱着这样的态度，我们要做的并不是费尽心机去还原在历史某处沉睡的印度佛教进而将其奉为唯一正确的模式，并且去强调中国佛教与

---

① 周裕锴：《中国古代阐释学研究》，上海人民出版社，2003，第 193 页。

② 洪汉鼎：《作为想象艺术的诠释学（上）——伽达默尔思想晚年定论》，《河北学刊》2006 年第 1 期。

印度佛教之间的差别，这样做只是将佛教凝固在了印度佛教模式上，以印度佛教来衡量佛教发展所带来的种种变化。我们要做的是去分析佛教为什么会发展成今天的样子，佛教在中国为何成为中国佛教的面貌，这其中的结构与意义到底在哪儿？当然，在这里笔者并不是要去否定关于印度佛教的还原研究，笔者的意思是我们在研究中要抱有一种开放的态度，把握住精神科学本身所具有的规律特点，将佛教本身从印度佛教的模型中解放出来，回到佛教本身。以这样的视角审视中国佛教，就可看出中国佛教本身具有的本体性地位与合法性身份。

包括文化与历史等在内的人类精神的创造物，其规律与本质就是"视域融合"，伽达默尔称为一种"关系"，即真正历史的对象并不是对象，而是自己与他者的统一体。[①] 唐代僧人被其在先的儒家前理解构成，他们以此为基础的视域来审视佛教，虽然他们在感情上纠结于儒家入世性与佛教出世性之间的张力，但在实际的生活与修行当中，他们其实是将儒家前理解的视域带入了对佛教的理解与实践中，儒家文化的忠、孝、仁等核心要素在僧人的修行实践中变成了他们通往佛教解脱的道路，佛教也因此而展开成为中国佛教的形态，佛教"出世性解脱"的特征以一种儒家文化的方式表达了出来，这样一种"视域融合"就是中国佛教的结构本质，也是中国佛教之所以如此的内在原因，同时也是佛教不得不展开为不同形态的原因。在这里，佛教之为佛教的核心本质并没有失去，因此佛教的多样性展开并不会因此而走向相对主义。僧人也不可能从儒家文化的前理解这样的历史性中剥离出来，因此佛教也不可能永远以印度佛教的原样而出现，佛教的发展只能以这样一种"视域融合"的方式来显现。真理永远是被人"说出"，以不同语言去"说"，虽然形态不同，但真理依旧是真理，真理以此方式而走向它本身的全体。

① 洪汉鼎：《作为想象艺术的诠释学（上）——伽达默尔思想晚年定论》，《河北学刊》2006 年第 1 期。

第三节 现实问题的启示

一 宗教中国化问题的思考

积极引导宗教的中国化方向，首先要论证一个前提，那就是"中国化"本身的必然性。也就是说，要证明外来宗教一定要经历"中国化"的过程才能落地发展，且这一过程是无法跨越的。否则，"引导宗教走向中国化"的理论根基便不稳固，具体实施起来也只会是"勉强为之"。无法证明"中国化"过程的必然性，也就反过来在一定程度上说明了外来的宗教文化能够以其"原型"的方式落地中国。这一理论上可能出现的一点疑问，投射在现实中便会产生较大的影响，这无疑会给消极的宗教保守主义思想留下生存与蔓延的空间。因此，论证"中国化"本身的必然性，解决理论中可能存在的暧昧疑问之处，无疑具有现实意义。本书运用伽达默尔哲学诠释学理论针对唐代佛教中国化所进行的研究，正好有助于解决上述疑问，这也是本书可能具有的现实意义之一。本书的研究结论对引导宗教继续中国化至少有三点可借鉴之处。

第一点就是"中国化"过程本身的必然性证明，其核心要素就是"前理解"的不可跨越性。外来宗教文化在中国的传播，可以进一步抽象为跨文化传播，而跨文化传播的落地终究是以"人"为媒介。因此，外来宗教文化在中国的传播可以换个视角来审视，即"中国人如何理解外来宗教文化"，进而还原为"理解如何可能"的问题。而"理解"必然开始于"前理解"，中国人不可能跨越自身的"前理解"去直接理解外来宗教，他们只能以已有的在先构成自身的中国文化"前理解"为工具去审视外来宗教，并进而以自身当前的语境"说出"他们理解而成的外来宗教文化。从这一点来看，"中国化"过程本身的必然性便得以证明，具体的论证过程前文已述。如此便可解决引导宗教继续中国化当中可能隐含的暧昧隐患。因此，"外来宗教文化的中国化"本身符合哲学诠释学的规律，符合跨文化传播的规律，同时也是宗教发展自身的内在要求。这并不是硬要将外来宗教强制中国化，而是顺应规律的"引导"，是一种宗教文化展开并走向其全体的必然过程。宗教中国化关键就在"导"上，要"导"之有方、"导"之有力、"导"之有效。

第二点就是外来宗教与中国文化的结合方式，也就是从何种角度去"导"的问题。从笔者看到的史籍原典来说，唐代僧人对佛教的实践存在这样一种倾向，即将儒家修养当作通往佛教终极境界的一条道路。唐代僧人"前理解"中的核心要素是以儒家文化为主导的中国传统文化，这一"前理解"在先构成着唐代僧人本身，他们自然也以此为"视域"去审视佛教，接近佛教。在他们的潜意识中，一名合格的佛教僧人首先应该是一名称职的儒家君子，将儒家的修养境界做到极致，即可进入佛境。比如，在具体的实践上，他们认为将"孝道"做到极致便能达到佛教的要求；或者将儒家的"仁"进一步做到所谓"仁之至"，也同样可以进入佛教的终极境界。在此基础上形成了一种唐代僧人谓之的佛教新形态，即"佛教儒行合而为一"，也就是以"儒行"来进入"佛境"。这无疑对当前宗教的中国化有着深刻的借鉴意义，"儒行"并未使佛教淹没在中国文化的海洋中而丧失自身的独立性，因为"儒行"的目的是"佛境"，这反而使得佛教变得更加独立，展开了新的、达到其终极境界的路径。放在当前语境中来说，"宗教的中国化"本身具有必然性，前文已经证明。但是"中国化"的本质是以中国当前的文化语境为路径来"说出"外来宗教的精髓，并非是去淹没和消解外来宗教。外来宗教文化的中国化过程，其实是宗教多了一种以中国方式达到其精髓的新路径。

第三点就是在当前的语境下，"新路径"指的是什么。也就是说，当前语境下中国人又该以何种"前理解"去塑造和理解外来宗教文化？唐代佛教中国化的进程，其实就是两种文化以唐人为媒介而进行的"接驳"。每种文化都是一个充满各种要素的整体，其中"显性"的要素决定了此种文化当前的形态，而"隐性"要素则是其不断向自身全体展开的内在动力，也是其与其他文化相互接驳的重要条件。笔者认为佛教最突出的显性要素就是其以解脱为目的的"出世性"特征，与此同时也存在着"入世性"的隐性要素；而儒家文化最突出的显性要素则无疑是"入世性"，但也存在着"出世性"的维度。儒家文化"点亮了"佛教的"入世"维度，佛教同时也使得儒家文化的"出世性"因素得以展开，可以说二者相互述说了对方引而未发的维度，从而使得两种文化都在向其全体展开的过程中迈进了一步。最终佛教一方显现出了"空而不失忠孝""忠、孝、仁之至即为佛境"的观点，以入世来"述说"出世的"儒式出世观"的中国佛教样态。

在这一点上，唐代佛教中国化的经验也能给当下宗教中国化问题以启示，那就是要抓住当代中国社会"前理解"的要素，将各宗教的核心要素带入当前中国的语境。

二　对中国传统文化现代化问题的思考

麦克卢汉①曾经提出一个著名的理论，即"媒介即人的延伸"，比如有一群人孤独的生活在一个小岛上，他们有着自己世代传承的独特的小岛文化。当有一天岛上的一个聪明年轻人发明了一艘小船，人们可以乘着这艘小船走出这座孤独的岛屿，走向岛外的文化。这艘船就是岛上人群与外界联系的"媒介"，这个媒介就是他们腿脚的延伸，他们可以走向岛外的世界。媒介本身无疑会给他们的生活带来翻天覆地的变化。媒介是人的延伸这一理论洞见的基本意义就是如此，车船是人行走的延伸，包括广播电视在内的大众媒介无疑是人视觉与听觉的延伸，如今的互联网更是将人类的各种知觉统合起来，进行了近乎综合的全球化延伸。媒介对人的延伸带来了一个最为直接的问题就是，我们如何面对纷繁复杂的外来文化，尤其是那些外来的所谓强势文化。

随着全球化进程的不断加速，西方发达资本主义国家的强势文化在不断冲击着我们，因为西方资本主义国家有着强大的经济基础与科技水平，故此我们很容易就简单认为其文化也一定是先进的文化。于是在面对所谓先进文化对我们的冲击时，两种比较极端的应对态度就各自表达了出来：一种是主张放弃我们自己的文化而完全学习西方先进文化，以此来促进国家的发展与强盛；另外一种态度就是我们应该守住本民族自己的文化，让

---

① 〔加拿大〕马歇尔·麦克卢汉（1911-1980），传播学学者，代表作有《机器新娘》《理解媒介》等。

它免受灭亡之灾。这两种态度的基本出发点无疑是好的，前者希望国家能够快速繁荣富强，后者则希望在学习西方所谓先进文化的同时，也能保护自身的传统文化免受伤害。但是双方都只是一种主观的意愿与想象，并没有把握到文化发展"视域融合"的客观规律。我们既不可能完全放弃自己而拥抱西方文化，同时我们也没办法去保护我们的传统文化免受侵害，因为文化发展的客观规律是视域的融合，而非立足视域的某一方。

作为土生土长的中国人，我们其实已经在先的被中国传统文化构成。即便我们并没有专门的、有针对性的学习过传统文化，但我们不能否认的是传统文化已体现在我们的一言一行中。从这个意义上来说，传统文化被我们带到了当下，这是一个非常自然的过程。伽达默尔认为，如果我们想要把握传承物的意义，就必须把传承物与我们所处的诠释学境遇相联，每一位理解某物的人，他就是在此物中理解他自身。① 也就是说，我们是带着传承于我们的特有视域来面向西方文化的，传统文化已经在透过我们而面向西方文化。我们对传统文化以及西方文化要想有一个正确的态度，首先就要明白文化发展的这种内在结构。我们看似是在面对西方文化，但在这个过程中有一个我们意识不到的过程，那就是我们实际上是在西方文化中面对我们自己，我们理解西方文化其实也是在理解我们自己。理解总是开始于自我理解，终于更好的自我理解，更好的自我理解就是视域融合过程的完成。明白了这个我们意识不到的过程，明白了这种文化理解的内在结构，我们就能对传统文化以及西方文化有一个正确的态度。

在现实当中，在面对西方所谓强势文化的冲击之时，我们要做的既不是完全舍弃自己而拥抱对方，也不是单纯地去保护自己，而是应坦然面对并理解西方文化。在我们理解西方文化的时候，所承载的传统文化也得以进一步展开，自然而然完成了与西方文化的融合。最关键的是，可以更好地理解自己，更好地展开自身，没有因西方文化的冲击而迷失自己，反而让中国文化变得更加饱满，更加多维。

---

① 洪汉鼎：《作为想象艺术的诠释学（下）——伽达默尔思想晚年定论》，《河北学刊》2006 年第 1 期。

小　结

以哲学诠释学的角度来看,"佛教中国化"的问题可以依次还原为两个基本问题。其一可以还原为"中国人如何理解佛教"的问题,再进一步可还原为"中国人如何理解",最终则还原为伽达默尔哲学诠释学的主题之一,即"理解如何成为可能"。任何文化的发展与传承都要以人为媒介才能真正落地,因此从这个角度来看,"中国化"问题实际上也就是"理解"的问题,而理解又一定是以"前理解"为起点与工具的理解。唐代僧人首先是中国人,其次才是僧人,他们被以儒家文化为核心的中国本土文化先在地构成,形成了他们的"前理解"。他们只能以此为工具来理解佛教,进入佛教,进而以此"前理解"去"说出"佛教。

本书要解决的问题有二。其一是对"佛教中国化"常识本身的疑问,即佛教为什么一定要经历本土化的过程,为什么不能以印度佛教的形态为中国人接受?其二是基于前一次还原的基础上而进一步延伸的问题,那就是中国佛教合法性的疑问。既然佛教中国化的过程是必然的,那么中国化后的佛教具有中国文化的特点,还是佛教吗?这就涉及如何看待佛教,到底何为佛教?还原到最基本的问题就是"真理标准"的问题。科学的真理观认为真理是唯一的、客观存在的,需要通过某种方法才能达到。若按科学的真理观来看待"佛教中国化"问题,那么这里的"佛教"实际就等同于"印度佛教",印度佛教变成了佛教的唯一标准。这样一来,不仅中国佛教的合法性无法成立,就连处在历史某处的印度佛教实际上也无法还原。佛教的发展也必将因此而陷入困境,走向虚无。"佛教中国化"中的"佛教"在此从印度佛教的束缚中回到其本身,成为带着"出世性""解脱"等核心要素的可能性的存在。印度佛教是以印度的语境"说出"佛教,中国佛教同样是以中国的前理解去"说出"佛教,印度佛教与中国佛教都是佛教本身走向其全体过程中的一个环节,具有同样的合法性身份,他们同时具备了佛教的内在一致性与各自的特殊性,都是用不同的语言"说出"了同一个实质。

结　语

　　德国哲学家康德认为人本身无法跨越自身去感知外在的世界。以视觉为例，我们所看到的一切只是视觉成像后对我们所呈现的样子，视觉中的一切对于我们来说只是"被给予"。至于到底是什么提供给我们这些景象，我们却不得而知，因为我们终究不能跨出自己的视觉去感知那个未知的"给予者"，康德称其为"物自体"。康德以这种将理性限定在感官之内的无可争辩的方式调和了经验论与唯理论之争，同时也证明了二者的发展皆已走到了尽头。这里的"物自体"实际上就是主客二分的科学真理观中的那个"客观唯一的真理"，康德的哲学思想也证明了人本身对于这种真理是无法企及的，因为人本身只是有限的存在，且无法跨越自己的有限性。哲学上的困境也蔓延到了其他学科，尤其是非科学领域。以诠释学来说，以往的诠释学在主客二分真理观的影响下是作为达到真理的方法而存在，其目的并不在诠释本身，而是指向那个唯一的真理，即作者或者文本本身的原意。康德留下的哲学困境其实也是诠释学的困境，按照伽达默尔的比喻，试图去寻找和恢复作者或文本的原意，无异于去寻找一个"幽灵"。

　　康德之后的哲学家开始致力于消除"物自体"带来的困境，也就是在寻找认识"物自体"的方法，这样的思维实际上还是停留在主客二分真理观的模式。后来海德格尔换了一个审视真理的视角，他认为人通过方法去追求真理，这种主客二分的道路是行不通的。应该是真理通过人而显现出来，人把真理"活"出来，在这里并不是另觅一个方法，人本身就成了通往真理的方法与道路，真理通过人而显现出来，并且无限地走向其全体。而人的特点是"理解着去存在"，因为人类生存最基本的方式就是"理解"，真理也通过人的"理解"而不断地展开其自身。于是对真理的探究转向了对人类理解结构的分析，伽达默尔在此基础上提出了转向后最基本的哲学问题，即"理解如何可能"。也就是说，对真理的探究是基于对人类理解结构的再认识，于是伽达默尔将诠释学上升到了哲学的高度。真理也成了由人的"前理解"开始，进而走向"视域融合"的"理解的真理"。这种真理是主客合一的真理，是普遍性融入特殊性之中的真理，是由特殊性而观到普遍性的"视角的"真理，而非跨越特殊性而进入普遍性。前文曾举盲人摸象的例子来说明，每位盲人的描述虽然角度不同，但却都是大象而非他物。各自的描述均有内在"整体大象"的在场，因此他们的描述都是各自视角与"整体大象"相融合的视角真理，同样具有合法性，是同一真理经由摸象者不同角度而形成的不同显现，他们之间因而也并不是割裂的。

"佛教中国化"问题同理可用伽达默尔真理观来审视。这个学术主题也是中国佛教研究一直以来的核心主题之一，但以往学者的研究多从佛教中国化的过程入手来进行现象上的梳理，很少有人反思"佛教中国化"这个常识性的过程本身，大家基本上都把这一过程当作一个跨文化传播的常识去看待并忽略之。其实经过反思便可知，这一常识本身就存有疑问，即佛教为什么一定要经历中国化的过程，为什么不能以印度佛教原汁原味的形式而为中国人理解？这个疑问的解决与否直接关系到在此基础上的另一个更大的问题，即"中国佛教的合法性"问题，佛教进入中国发生了如此多的变化，变化后的佛教还能称为佛教吗？前一个基础性的问题其实就是在论证"中国化"的必然性，上升到普遍性来说就是"本土化"的必然性。如果"本土化"现象并不具有必然性，那么中国佛教的合法性便无从谈起。只有首先证明了"佛教中国化"过程的必然性，才能逻辑性地过渡到"中国佛教合法性"的问题，这两个问题即本书所要着力解决的两个问题。

解决第一个问题的关键是将"佛教中国化"问题还原为一个最基本的哲学认识论问题，即"理解如何可能"。跨文化传播的载体终究是人，任何文化都是因人而存在，由人而传播，因此"佛教中国化"换个角度看就是"中国人如何理解佛教"，这就自然涉及"理解"的问题。本书第二章以唐代僧人的传记为研究对象，通过详尽的史料支撑，说明了唐代僧人无法跨越自身的"前理解"去直接进入佛教，他们只能用"前理解"这副"有色眼镜"来审视佛教，进而理解并形成中国佛教。他们的"前理解"就是以儒家文化为主导的中国文化体系，这一体系也在先构成了唐代僧人本身。说的抽象一些，人创造了文化，同时也被文化构成，任何人都是其所在相应文化的符号与载体，想要去理解异质文化，唯一的方法与起点就是反观自身。退一步来看，就算中国人可以跨越构成自身的"前理解"去进入印度佛教，那试问那个已经飘散在历史某点的印度佛教又如何去寻找，欲想仅凭借遗留下来的典籍去还原印度佛教，其难度可想而知。意大利哲学家克罗齐所谓"一切历史都是当代史"，很好地说明了这一点。佛教传到唐代，抽象的要素终究要落到丰满的现实中，落入唐人的"前理解"中，由此而呈现出新的风貌，因此"中国化"无疑是必然的。

在论证了"佛教中国化"本身的必然性后，就可以进入下一个问题，即"中国佛教合法性"。中国化后佛教形成了新特点，如此还能称为佛教吗？这个问题换个角度来看就是"如何看待佛教本身"，进一步可以还原为另一个最基本的哲学本体论问题，即"真理的标准"问题。因为既然"中国化"是必然的，那佛教会不会变成相对主义的佛教最终走向虚无？因此讨论"真理的标准"显然是必要的，明白了何为真理，才能进而明白何为佛教，最终明白中国佛教是否合法。如果按照主客二分的科学的真理观来审视这个问题，那么也就直接将佛教中国化中的"佛教"等同于"印度佛教"，如果这样的话就会造成"佛教"与"中国化"之间的割裂，不仅中国佛教的合法性无从谈起，印度佛教的还原显然也很难做到，佛教最终不免有走向虚无的危机。而伽达默尔的真理观主张真理具有"视域融合"的结构，这样就同时避免了"相对主义的佛教"与"走向虚无的佛教"。从印度鲜活的历史情境中所抽离出来的"佛教核心要素"作为一方的"视域"，要落入唐代僧人"儒家文化前理解"的"视域"，并通过此"前理解"来"说出"那些"佛教的核心要素"，这就是"视域融合佛教"的形成。唐代僧人一方的"视域"保证了佛教不会走向虚无，佛教核心要素一方的"视域"则保证了佛教本身的内在一致性，从而避免了佛教的发展走向相对主义。这里的"佛教核心要素"也就是佛教的终极目的,即以"出世性"与"解脱"为主的特征,"视域融合"的结果就是唐代汉地中国佛教较为鲜明的三个特色,即"空而不失其孝""内勤释教,外忠于君""仁孝之至即为佛境",由此"中国佛教合法性"的疑问也得以解答,佛教核心要素的在场保证了佛教内在的统一。这样一来,无论是中国佛教还是印度佛教,都是佛教本身向其自身全体发展过程中的一个环节,是当地文化"前理解"对佛教的"说出",由此也弥合了"佛教中国化"提法中可能隐藏的将"佛教"与"中国化"相割裂的危机。

每种文化形式都有其显性的要素与隐而未显的要素,"视域融合"同时也是两种异质文化相互点亮的过程,两种文化隐而未显的要素因为"视域融合"而点亮,"视域融合"也使得两种异质文化各自向其全体迈进了一步。唐代汉地中国佛教"视域融合"的结果就是,佛教本身有了新的通往终极目的的道路,也就是以儒家文化为主导的中国传统文化;与此同时,以儒家文化为主导的中国传统文化本身也显现出了自身不同于以往的终极境界。"视域融合"的结果并不是异质文化双方的消亡,反而使得双方得以更好地认识自己,更充分地回到自己,更扎实地走向未来。

本书的研究也有不少可以继续深入与改进之处,由于时间与精力有限而未能做到尽善尽美。对于唐代僧人"前理解"的研究还有不少可以反思的地方。第一,唐代僧人的史料选取上,本书分析的唐代僧人案例大部分取自《续高僧传》《宋高僧传》《新编续补历代高僧传》,以及《唐代墓志汇编》《唐代墓志汇编续集》等,在这些典籍之外的僧人案例虽也有涉及,但是还很不全面。能够记载于唐代僧传与金石中的僧人一般都是唐代僧人群体的精英,那些范围之外的其他唐代僧人的生活状态与思想状态如何?还需要进一步的挖掘与研究。第二,唐代僧人"前理解"的构成上,以上典籍中所体现最多的就是儒家文化对唐代僧人"前理解"的构成。儒家文化虽为中国文化的主导,但是中国文化毕竟是多元的,那么其他文化因素对于唐代僧人"前理解"的影响如何,这也需要进一步梳理。第三,唐代僧人群体的划分上,本书的研究主要是以唐代僧人整体的宏观"前理解"为研究重点。其实在宏观"前理解"之下还可以继续细分,比如每个宗派的僧人，其"前理解"也许会有各自的特点。或者按照时间来分，唐代早期、中期与晚期，僧人"前理解"也应该会有不同的特色。再或者按照僧人出家前的阶层来看，其"前理解"又会呈现出哪些差异？这些都是在宏观研究的基础上可以深入的点。第四，本书采用伽达默尔哲学诠释学为理论视角，旨在论证佛教"中国化"本身的必然性，并进而肯定中国佛教的合法性。伽达默尔本人对主客二分的真理观并不是否定的，他之所以提出主客融合的"视域融合"真理观，其目的之一是让人们不要将主客二分真理观的研究进路奉为唯一标准。两种真理观指导下的研究进路应该并重，不能偏废。第五，如何借鉴唐代佛教中国化的经验继续引导当前及今后的宗教中国化？以上五点也是笔者在今后的研究中要继续深入挖掘、梳理与论证的问题。

参考文献

一 唐代佛教与唐代僧人研究

1. 原典与专著

［1］（唐）道宣：《续高僧传》，郭绍林校注，中华书局，2014。

［2］（唐）吴兢：《贞观政要》，裴汝诚注释，上海古籍出版社，2007。

［3］（唐）道世：《法苑珠林》，中华书局，2003。

［4］（唐）慧立、彦悰：《大唐大慈恩寺三藏法师传》，中华书局，2000。

［5］（唐）义净：《南海寄归内法传校注》，中华书局，1995。

［6］（唐）道宣：《广弘明集》，上海古籍出版社，1991。

［7］（唐）义净撰：《大唐西域求法高僧传校注》，王邦维校注，中华书局，1988。

［8］（唐）义净：《大唐西域求法高僧传》，中华书局，1988。

［9］（唐）李肇：《唐国史补》，上海古籍出版社，1957。

［10］（唐）彦悰：《护法沙门法琳别传》，《大正藏》第50册。

［11］（唐）彦悰：《集沙门不应拜俗等事》，《大正藏》第52册。

［12］（唐）冥详：《大唐故三藏玄奘法师行状》，《大正藏》第50册。

［13］（唐）慧祥：《弘赞法华传》，《大正藏》第51册。

［14］（唐）僧祥：《法华传记》，《大正藏》第51册。

［15］（唐）法藏：《华严经传记》，《大正藏》第51册。

［16］（唐）道宣：《大唐内典录》，《大正藏》第55册。

［17］（唐）道宣：《续大唐内典录》，《大正藏》第55册。

［18］（唐）道宣：《集古今佛道论衡》，《大正藏》第 52 册。

［19］（唐）静迈：《古今译经图记》，《大正藏》第 55 册。

［20］（唐）智升：《续古今译经图记》，《大正藏》第 55 册。

［21］（唐）智升《开元释教录》，《大正藏》第 55 册。

［22］（唐）圆照：《大唐贞元续开元释教录》，《大正藏》第 55 册。

［23］（唐）净觉：《楞伽师资记》，《大正藏》第 85 册。

［24］（唐）佚名：《历代法宝记》，《大正藏》第 51 册。

［25］（五代）王定保：《唐摭言》，上海古籍出版社，2012。

［26］（南唐）静筠：《祖堂集》，中华书局，2007。

［27］（梁）僧祐：《出三藏记集》，中华书局，1995。

［28］（梁）僧祐：《弘明集》，《大正藏》第 52 册。

［29］（宋）志磐：《佛祖统纪校注》，释道法校注，上海古籍出版社，2012。

［30］（宋）释契嵩：《夹注辅教编校译》，邱小毛注释，西南交通大学出版社，2011。

［31］（宋）赞宁：《大宋僧史略》，金陵刻经处，2008。

［32］（宋）赞宁：《宋高僧传》，中华书局，1987。

［33］（宋）赞宁：《白话千年中国高僧传》，尉迟治平等译，华中理工大学出版社，1994。

［34］（宋）赞宁：《释氏稽古略》，《大正藏》第 49 册。

［35］（宋）志磐：《佛祖统记》，《大正藏》第 49 册。

［36］（宋）姚铉：《唐文粹》，吉林出版集团，2005。

［37］（宋）普济：《五灯会元》，中华书局，1984。

［38］（宋）李昉等编《文苑英华》，中华书局，1966。

［39］（宋）李昉等《太平广记》，中华书局，1961。

［40］（清）陆耀遹：《金石续编》，上海古籍出版社，1995。

［41］（清）武亿：《安阳县金石录》，上海古籍出版社，1995。

［42］（清）王昶辑《金石萃编》，陕西人民美术出版社，1990。

［43］（清）胡聘之：《山右石刻丛编》，山西人民出版社，1988。

［44］（清）陆增祥：《八琼室金石补正》，文物出版社，1985。

［45］（清）董诰等编《全唐文》，中华书局，1983 年 8 月。

［46］周绍良主编《唐代墓志汇编》，上海古籍出版社，1992。

［47］周绍良主编《唐代墓志汇编续集》，上海古籍出版社，2001。

［48］赵超：《新编续补历代高僧传》，社会科学文献出版社，2011。

［49］洪修平：《中国儒佛道三教关系研究》，中国社会科学出版社，2011。

［50］洪修平：《中国佛教与儒道思想》，宗教文化出版社，2004。

［51］洪修平：《禅宗思想的形成与发展（修订本）》，江苏古籍出版社，2000。

［52］洪修平等：《十大名僧》，佛光出版社，1991。

［53］〔美〕斯坦利·威斯坦因：《唐代佛教》，张煜译，上海古籍出版社，2010。

［54］方立天：《中国佛教与传统文化》，中国人民大学出版社，2010。

［55］方立天：《隋唐佛教》，中国人民大学出版社，2006。

［56］〔德〕马克斯·韦伯：《儒教与道教》，洪天富译，江苏人民出版社，2010。

［57］〔法〕谢和耐：《中国社会史》，黄建华、黄迅余译，江苏人民出版社，2010。

［58］杜继文：《汉译佛教经典哲学》，江苏人民出版社，2010。

［59］赖永海主编《中国佛教通史》，江苏人民出版社，2010。

［60］赖永海：《中国佛教文化论》，中国青年出版社，1999。

［61］赖永海：《佛学与儒学》，浙江人民出版社，1992。

［62］〔美〕芮沃寿：《中国历史中的佛教》，常蕾译，北京大学出版社，2009。

［63］谢重光：《中古佛教僧官制度和社会生活》，商务印书馆，2009。

［64］潘桂明：《中国佛教思想史稿·汉魏两晋南北朝卷》，江苏人民出版社，2009。

［65］潘桂明：《中国佛教思想史稿·隋唐五代卷》，江苏人民出版

社，2009。

[66] 潘桂明：《中国佛教思想史稿·宋元明清近代卷》，江苏人民出版社，2009。

[67] 潘桂明：《中国居士佛教史》，中国社会科学出版社，2000。

[68] 刘立夫：《佛教与中国伦理文化的冲突与融合》，中国社会科学出版社，2009。

[69] 汤用彤：《汉魏两晋南北朝佛教史》，武汉大学出版社，2008。

[70] 汤用彤：《隋唐佛教史稿》，江苏教育出版社，2007。

[71] 范文澜：《唐代佛教》，重庆出版社，2008。

[72] 〔日〕圆仁：《入唐求法巡礼记》，花山文艺出版社，2007。

[73] 黄正建：《中晚唐社会与政治研究》，中国社会科学出版社，2006。

[74] 〔日〕砺波护：《隋唐佛教文化》，韩昇、刘健英译，上海古籍出版社，2004。

[75] 段玉明：《相国寺——在唐宋帝国的神圣与凡俗之间》，巴蜀书社，2004。

[76] 张国刚：《佛学与隋唐社会》，河北人民出版社，2002。

[77] 杨曾文校写《新版敦煌新本六祖坛经》，宗教文化出版社，2001。

[78] 葛兆光：《中国禅思想史——从6世纪到9世纪》，北京大学出版社，2000。

[79] 葛兆光：《禅宗与中国文化》，上海人民出版社，1986。

[80] 祁志祥：《佛学与中国化》，学林出版社，2000。

[81] 上海古籍出版社编《唐五代笔记小说大观》，上海古籍出版社，2000。

[82] 张运华：《中国传统佛教仪轨》，台北立绪文化事业有限公司，1998。

[83] 郝春文：《唐五代后期宋初敦煌僧尼的社会生活》，中国社会科学出版社，1998。

［84］周绍良、张涌泉、黄征：《敦煌变文讲经文因缘辑校》（上、下册），江苏古籍出版社，1998。

［85］任继愈：《汉唐佛教思想论集》，人民出版社，1998。

［86］侯旭东：《五、六世纪北方民众佛教信仰》，中国社会科学出版社，1998。

［87］方广锠：《敦煌佛教经录辑校》（上、下册），江苏古籍出版社，1997。

［88］李富华：《中国古代僧人生活》，商务印书馆，1996。

［89］李山等编《历代高僧传》，山东人民出版社，1994。

［90］杜斗城：《陇右高僧录》，兰州大学出版社，1993。

［91］隋唐佛教学术讨论会编著《隋唐佛教研究论文集》，三秦出版社，1990。

［92］郭绍林：《唐代士大夫与佛教》，河南大学出版社，1987。

［93］〔日〕平野显照：《唐代文学与佛教》，张桐生译，华宇出版社，1986。

［94］郭朋：《隋唐佛教》，齐鲁书社，1980。

［95］吕澂：《中国佛学源流略讲》，中华书局，1979。

［96］傅璇琮：《唐代科举与文学》，陕西人民出版社，2007。

2. 论文

［1］张莉：《吐蕃时期僧人在唐蕃交往中的作用》，《四川民族学院学报》2015年第6期。

［2］陈双印、张郁萍：《晚唐五代敦煌僧人在中西经济活动中的作用》，《敦煌学辑刊》2015年第4期。

［3］王雪艳：《唐人小说中的僧人书写研究》，西北大学硕士学位论文，2015。

［4］许美惠：《入唐三韩僧人研究》，陕西师范大学硕士学位论文，2015。

［5］戎川：《唐代僧人的儒家伦理化特点探析》，《太原理工大学学

报》（社会科学版）2015 年第 1 期。

［6］戎川：《唐代僧人"佛教儒行合一"的特点》，《吉林广播电视大学学报》2015 年第 7 期。

［7］戎川：《唐代涉儒僧人研究》，中央民族大学硕士学位论文，2013。

［8］班班多杰：《一位藏传佛教高僧视野中的汉地儒家》，《中国西藏》（中文版）2014 年第 2 期。

［9］谢山：《唐代佛教兴衰研究——以佛教发展与政治社会关系为视角》，河南大学博士学位论文，2014。

［10］鲁统彦：《隋唐时期僧尼角色研究》，首都师范大学博士学位论文，2005。

［11］于志刚：《唐代的僧人、寺院与社会生活——以〈太平广记〉为中心》，郑州大学硕士学位论文，2013。

［12］王艳玲：《敦煌史籍抄本与僧人的社会生活》，西北师范大学硕士学位论文，2013。

［13］吴智勇：《六到七世纪僧人与政治：以个案研究为中心》，复旦大学博士学位论文，2013。

［14］董立功：《唐代僧人获赐紫衣考》，《世界宗教研究》2013 年第 6 期。

［15］洪修平、韩凤鸣：《佛教中国化与三教关系论衡》，《华东师范大学学报》（哲学社会科学版）2013 年第 2 期。

［16］洪修平：《儒佛道三教关系与中国佛教的发展》，《南京大学学报》（哲学·人文科学·社会科学）2002 年第 3 期。

［17］洪修平：《略论隋唐佛教文化的繁荣》，《江苏社会科学》2001 年第 4 期。

［18］俞学明：《隋唐佛教"宗派问题"再辨——兼对隋唐佛教不存在宗派说的回应》，《浙江学刊》2013 年第 2 期。

［19］李锦绣：《唐代僧官制度研究的回顾与展望》，《隋唐辽宋金元史论丛》，2013。

[20] 张云江：《试论唐代西域求法僧侣的求法动机及其"宗教生存困境"》，《宗教与民族（第七辑）》，2012。

[21] 陈瑾渊：《〈续高僧传〉研究》，复旦大学博士学位论文，2012。

[22] 冀谭伟：《隋唐山西僧人考》，西北大学硕士学位论文，2012。

[23] 李艳：《唐代佛教史籍研究》，兰州大学博士学位论文，2011。

[24] 季庆阳：《唐代孝文化研究》，陕西师范大学博士学位论文，2011。

[25] 李四龙：《佛教在中国传播的经验与特色》，《寻根》2011年第6期。

[26] 李四龙：《论欧美佛教研究的分期与转型》，《世界宗教研究》2007年第3期。

[27] 李四龙：《论欧美佛教研究的方法论困境》，《第二届中国南北哲学论坛暨"哲学的当代意义"学术研讨会论文集》，2005。

[28] 李四龙：《美国的中国佛教研究》，《北京大学学报》（哲学社会科学版）2004年第2期。

[29] 李四龙：《佛教征服了什么》，《法音》1998年第9期。

[30] 潘高凤：《唐代塔铭研究》，浙江大学硕士学位论文，2010。

[31] 黄荣煌：《唐代科举考试中的僧人》，《柳州师专学报》2010年第2期。

[32] 储可艳：《三生石上旧精魂——浅析唐人传奇中的僧人形象》，《山东文学》2010年第8期。

[33] 介永强：《隋唐高僧与儒学》，《陕西师范大学学报》（哲学社会科学版）2010年第6期。

[34] 蔺熙民：《隋唐时期儒释道的冲突与融合》，陕西师范大学博士学位论文，2009。

[35] 王宇：《唐代"佛舍利"研究》，陕西师范大学硕士学位论文，2009。

[36] 裘禾敏：《从格义看佛教中国化过程中翻译策略的演进》，《外语教学理论与实践》2009年第4期。

［37］王栋梁、纪倩倩：《论唐代士僧交游的政治动因》，《甘肃社会科学》2009 年第 2 期。

［38］魏道儒：《中国僧人西行求法》，《百科知识》2009 年第 14 期。

［39］陈艳玲：《唐代城市居民的宗教生活：以佛教为中心》，华东师范大学博士学位论文，2008。

［40］李正宇：《8 至 11 世纪敦煌僧人从政从军——敦煌世俗佛教研究之七》，《敦煌研究》2008 年第 1 期。

［41］李正宇：《晚唐至北宋敦煌僧尼普听饮酒——敦煌世俗佛教系列研究之二》，《敦煌研究》2005 年第 3 期。

［42］李正宇：《唐宋敦煌世俗佛教的经典及其功用》，《兰州教育学院学报》1999 年第 1 期。

［43］胡启文：《唐五代僧人与文人交往的文化背景》，《钦州学院学报》2008 年第 1 期。

［44］张卓、程大力：《唐代僧人习武事迹考析》，《首都体育学院学报》2007 年第 3 期。

［45］潘春辉：《唐宋敦煌僧人违戒原因述论》，《西北师大学报》（社会科学版）2005 年第 5 期。

［46］潘春辉：《晚唐五代敦煌僧尼饮酒原因考》，《青海社会科学》2003 年第 4 期。

［47］查明昊、司立芳：《唐代僧人与科举》，《西南交通大学学报》（社会科学版）2005 年第 5 期。

［48］李承贵：《儒士佛教观：佛、儒关系研究的新向度》，《福建论坛》（人文社会科学版）2005 年第 6 期。

［49］周奇：《唐代宗教管理研究》，复旦大学博士学位论文，2005。

［50］姜清波：《入唐三韩人研究》，暨南大学博士学位论文，2005。

［51］杨梅：《唐代尼僧与世俗家庭的关系》，《首都师范大学学报》（社会科学版）2004 年第 5 期。

［52］宋玉波：《佛教中国化历程研究》，西北大学博士学位论文，2004。

［53］查金萍：《试从韩愈与僧人交游看其排佛思想》，《古籍研究》2003 年第 4 期。

［54］段迎春：《中国佛教伦理研究综述》，《高校社科信息》2003 年第 1 期。

［55］苏金花：《唐后期五代宋初敦煌僧人的社会经济生活》，《中国经济史研究》2003 年第 2 期。

［56］苏士梅：《从墓志看佛教对唐代妇女生活的影响》，《史学月刊》2003 年第 5 期。

［57］严耀中：《墓志祭文中的唐代妇女佛教信仰》，荣新江主编《唐代宗教信仰与社会》，上海辞书出版社，2003。

［58］黄清发：《唐代僧尼的出家方式与世俗化倾向》，《南通师范学院学报》（哲学社会科学版）2002 年第 1 期。

［59］吴忠伟：《居士佛教与佛教中国化——评潘桂明先生〈中国居士佛教史〉》，《佛学研究》2002。

［60］王三北、赵宏勃：《唐代的佛道之争——论官方对民间信仰的整合》，《中国社会历史评论（第四卷）》，天津古籍出版社，2002。

［61］赵宏勃：《从民间信仰考察唐代僧尼的社会角色》，《华林（第 2 卷）》，2002。

［62］吴敏霞：《从唐墓志看唐代女性佛教信仰及其特点》，《佛学研究》2002 年第 1 期。

［63］吴敏霞：《从唐墓志看唐代世俗佛教信仰》，《佛学研究》1996 年第 5 期。

［64］刘宝才：《唐代思想家与佛教僧人交往的原因——读刘禹锡送僧诗》，《西安联合大学学报》2001 年第 3 期。

［65］傅绍良：《盛唐诗人与僧侣交游的特征及贡献》，《唐都学刊》2001 年第 2 期。

［66］杨富学：《敦煌文献对中国佛教史研究的贡献》，《世界宗教研究》2000 年第 2 期。

［67］焦杰：《从唐墓志看唐代妇女与佛教的关系》，《陕西师范大学学

报》2000 年第 2 期。

[68]〔日〕镰田茂雄：《近代日本的中国佛教史研究》，《法音》2000年第 2 期。

[69] 张菁：《论唐代中外僧侣的海上求法热潮》，《江苏社会科学》1999 年第 4 期。

[70] 张菁：《唐代僧侣的游方与文化》，《江海学刊》1993 年第 4 期。

[71] 龚爱林：《论佛教伦理的中国化》，《长沙电力学院学报》（社会科学版）1998 年第 2 期。

[72] 郝春文：《唐后期五代宋初敦煌僧尼遗产的处理与丧事的操办》，《敦煌研究》1998 年第 1 期。

[73] 郝春文：《唐后期五代宋初沙州僧尼的特点》，《敦煌吐鲁番学研究论文集》，汉语大词典出版社，1990。

[74] 唐忠毛：《试论"不舍道法而现凡夫事"》，《宗教学研究》1998 年第 4 期。

[75] 郑显文：《唐代僧侣与皇权关系研究》，首都师范大学博士学位论文，1997。

[76] 陈美林：《周唐政权的更迭与儒道释兴衰》，《河北师院学报》1997 年第 3 期。

[77] 王月清：《中国佛教孝亲观初探》，《南京大学学报》1996 年第3 期。

[78] 陈忠凯：《唐代人的生活习俗——"合葬"与"归葬"》，《文博》1995 年第 4 期。

[79] 李德龙：《敦煌遗书所反映的寺院僧尼财产世俗化》，《山西大学学报》1995 年第 2 期。

[80] 方广锠：《关于禅藏与敦煌禅籍的若干问题》，载方广锠主编《藏外佛教文献》第 1 辑，宗教文化出版社，1995。

[81] 方广锠：《八—十世纪佛教大藏经史》，中国社会科学出版社，1991。

[82] 方广锠：《敦煌遗书〈沙州乞经状〉研究》，《敦煌研究》1989

年第 2 期。

[83] 刘国盈：《韩愈与僧人》，《首都师范大学学报》（社会科学版）1994 年第 4 期。

[84] 耿慧玲：《由墓志看唐代取佛教化名号的社会现象》，中国唐代学会编辑委员会编《唐代文化研讨会论文集》，文史哲出版社，1990。

[85] 郭朋：《从汉僧生活看佛教中国化》，《世界宗教研究》1990 年第 2 期。

[86] 苏莹辉：《晚唐五代间敦煌地区的按佛情形》，《晚唐的社会与文化》，台湾学生书局，1990。

[87] 汤贵仁：《唐代僧人诗和唐代佛教世俗化》，《佛教与东方艺术》，吉林教育出版社，1989。

[88] 袁德领：《敦煌遗书中的佛教文书简介》，《敦煌研究》1988 年第 1 期。

[69] 魏承思：《唐代佛教和孝亲观》，《法音》1985 年第 6 期。

[90] 程裕祯：《唐代的诗僧和僧诗》，《南京大学学报》1984 年第 1 期。

[91] 吴炎：《唐代禅宗对我国佛教的改革》，《社会科学》1984 年第 2 期。

[92] 李斌城：《论唐代士大夫与佛教》，《魏晋隋唐史论集》，中国社会科学出版社，1983。

[93] 石峻、方立天：《论隋唐佛教宗派的形成》，《哲学研究》1981 年第 8 期。

[94] 〔日〕道端良秀：《唐代僧尼不拜君亲论》，《印度学佛教学研究》第 2 卷第 2 期，1954。

[95] 范丁：《漫谈唐代僧道》，《大公报》1950 年 3 月 1 日。

二　诠释学理论相关研究

1. 专著

[1] 〔德〕胡塞尔：《纯粹现象学通论》，李幼蒸译，商务印书馆，2012。

［2］〔德〕胡塞尔：《现象学的观念（五篇讲座稿）》，倪梁康译，人民出版社，2007。

［3］〔德〕胡塞尔：《逻辑研究》，倪梁康译，上海译文出版社，2006。

［4］〔德〕胡塞尔：《欧洲科学的危机与超越论的现象学》，王炳文译，商务印书馆，2001。

［5］〔德〕胡塞尔：《哲学作为严格的科学》，倪梁康译，商务印书馆，1999。

［6］〔德〕海德格尔：《存在论：实际性的解释学》，何卫平译，人民出版社，2009。

［7］〔德〕海德格尔：《林中路》，孙周兴译，上海译文出版社，2008。

［8］〔德〕海德格尔：《存在与时间》，陈嘉映、王庆节译，三联书店，2006。

［9］〔德〕海德格尔：《在通向语言的途中》，孙周兴译，商务印书馆，2004。

［10］〔德〕海德格尔：《形式显现的现象学》，孙周兴译，同济大学出版社，2004。

［11］〔德〕海德格尔：《路标》，孙周兴译，商务印书馆，2000。

［12］〔德〕海德格尔：《形而上学导论》，熊伟、王庆节译，商务印书馆，1996。

［13］〔德〕伽达默尔：《美学与诗学：诠释学的实施》，吴建广译，北京大学出版社，2013。

［14］〔德〕伽达默尔：《诠释学 Ⅰ：真理与方法》，洪汉鼎译，商务印书馆，2010。

［15］〔德〕伽达默尔：《诠释学 Ⅱ：真理与方法》，洪汉鼎译，商务印书馆，2010。

［16］〔德〕伽达默尔、〔德〕杜特：《解释学 美学 实践哲学：伽达默尔与杜特对谈录》，金惠敏译，商务印书馆，2005。

［17］〔德〕伽达默尔、〔法〕德里达：《德法之争：伽达默尔与德里达的对话》，孙周兴、孙善春译，同济大学出版社，2004。

［18］〔德〕伽达默尔：《哲学解释学》，夏镇平、宋建平译，上海译文出版社，2004。

［19］〔德〕伽达默尔：《伽达默尔集》，严平编选，邓安庆等译，上海远东出版社，2003。

［20］〔德〕伽达默尔：《哲学生涯》，陈春文译，商务印书馆，2003。

［21］〔德〕伽达默尔：《美的现实性》，张志扬等译，三联书店，1991。

［22］〔德〕伽达默尔：《科学时代的理性》，薛华等译，国际文化出版公司，1988。

［23］〔德〕伽达默尔：《赞美理论》，夏镇平译，上海三联书店，1988。

［24］〔法〕保罗·利科：《诠释学与人文科学》，孔明安等译，中国人民大学出版社，2012。

［25］〔法〕保罗·利科：《解释的冲突》，莫伟民译，商务印书馆，2008。

［26］〔加〕让·格朗丹：《诠释学真理？——论伽达默尔的真理概念》，洪汉鼎译，商务印书馆，2015。

［27］〔加〕让·格朗丹：《哲学解释学导论》，何卫平译，商务印书馆，2009。

［28］〔美〕弗兰西斯·克鲁尼：《比较神学——跨越宗教边界的深度学习》，聂建松等译，宗教文化出版社，2014。

［29］〔美〕理查德·E.帕尔默：《诠释学》，潘德荣译，商务印书馆，2012。

［30］〔美〕乔治娅·沃恩克：《伽达默尔——诠释学、传统和理性》，洪汉鼎译，商务印书馆，2009。

［31］〔丹〕丹·扎哈维：《胡塞尔现象学》，上海世纪出版集团，2007。

［32］〔意〕安贝托·艾柯：《诠释与过度诠释》，王宇根译，三联书店，2005。

［33］〔日〕丸山高司：《伽达默尔：视域融合》，刘文柱等译，河北教育出版社，2001。

［34］〔美〕伯恩斯坦：《超越客观主义和相对主义》，郭小平等译，光明日报出版社，1992。

［35］〔美〕E. D. 赫施：《解释的有效性》，王才勇译，三联书店，1991。

［36］邓晓芒：《哲学史方法论十四讲》，重庆大学出版社，2015。

［37］卢春红：《同时性与"你"——伽达默尔理解问题研究》，中国社会科学出版社，2014。

［38］张汝伦：《〈存在与时间〉释义（上、下）》，上海人民出版社，2014。

［39］张汝伦：《意义的探究——当代西方释义学》，辽宁人民出版社，1986。

［40］孙丽君：《伽达默尔的诠释学美学研究》，人民出版社，2013。

［41］潘德荣：《西方诠释学史》，北京大学出版社，2013。

［42］潘德荣、付长珍主编《对话与和谐——伽达默尔诠释学思想研究》，安徽人民出版社，2009。

［43］黄裕生：《时间与永恒——论海德格尔哲学中的时间问题》，江苏人民出版社，2012。

［44］张祥龙：《现象学导论七讲——从原著阐发原意》，中国人民大学出版社，2011。

［45］何平：《伽达默尔科学技术反思研究》，人民出版社，2010。

［46］洪汉鼎：《当代西方哲学两大思潮》，商务印书馆，2010。

［47］洪汉鼎：《现象学十四讲》，人民出版社，2008。

［48］洪汉鼎：《诠释学——它的历史和当代发展》，人民出版社，2001。

［49］洪汉鼎：《理解与解释——诠释学经典文选》，东方出版社，

2001。

[50] 洪汉鼎：《理解的真理——解读伽达默尔的〈真理与方法〉》，山东人民出版社，2001。

[51] 何卫平：《解释学之维——问题与研究》，人民出版社，2009。

[52] 何卫平：《通向解释学辩证法之途》，上海三联书店，2001。

[53] 王峰：《意义诠释与未来时间维度：探索一种意义诠释学》，上海人民出版社，2007。

[54] 李鲁宁：《伽达默尔美学思想研究》，山东大学出版社，2004。

[55] 李咏吟：《解释与真理》，上海译文出版社，2004。

[56] 俞吾金：《实践诠释学》，云南人民出版社，2001。

[57] 严平：《走向解释学的真理：伽达默尔哲学述评》，东方出版社，1998。

[58] 陈嘉映：《海德格尔哲学概论》，三联书店，1995。

[59] 殷鼎：《理解的命运——解释学初论》，三联书店，1988。

[60] 叶秀山：《思·史·诗——现象学和存在哲学研究》，人民出版社，1988。

2. 论文

[1] 潘德荣：《读〈真理与方法〉》，《中国社会科学报》2016年2月2日。

[2] 潘德荣：《论当代诠释学的任务》，《华东师范大学学报》（哲学社会科学版）2015年第5期。

[3] 潘德荣：《文本理解、自我理解与自我塑造》，《中国社会科学》2014年第7期。

[4] 潘德荣：《诠释学是一种方法论》，《中国社会科学报》2009年10月20日。

[5] 潘德荣等：《什么是诠释哲学?》，《华东师范大学学报》（哲学社会科学版）2009年第3期。

[6] 潘德荣：《从本体诠释学到经典诠释学》，《河北学刊》2009年第

2 期。

　　［7］潘德荣：《理解方法论视野中的读者与文本——伽达默尔与方法论诠释学》，《中国社会科学》2008 年第 2 期。

　　［8］潘德荣：《诠释学：理解与误解》，《天津社会科学》2008 年第 1 期。

　　［9］潘德荣：《诠释学：从主客体间性到主体间性》，《安徽师范大学学报》（人文社会科学版）2002 年第 3 期。

　　［10］潘德荣：《理解、解释与实践》，《中国社会科学》1994 年第 1 期。

　　［11］何卫平：《解释学与"古今之争"》，《武汉大学学报》（人文社会科学版）2014 年第 4 期。

　　［12］何卫平：《伽达默尔的解释学与康德的判断力》，《哲学动态》2014 年第 3 期。

　　［13］何卫平：《伽达默尔的教化解释学论纲》，《武汉大学学报》（人文社会科学版）2011 年第 2 期。

　　［14］石佳：《从胡塞尔到海德格尔：现象学的解释学转向》，《河南师范大学学报》（哲学社会科学版）2013 年第 2 期。

　　［15］游斌：《迈向一种互惠的跨宗教诠释学》，《比较经学（第二辑）》，宗教文化出版社，2013。

　　［16］洪汉鼎：《诠释学是一种幻想力或想象力》，《社会科学报》2013 年 10 月 10 日。

　　［17］洪汉鼎、黄小洲：《西方诠释学的源流与精神特质——洪汉鼎先生访谈（上）》，《河北学刊》2012 年第 2 期。

　　［18］洪汉鼎、黄小洲：《西方诠释学的东渐及其效应——洪汉鼎先生访谈（下）》，《河北学刊》2012 年第 3 期。

　　［19］洪汉鼎：《何谓现象学的"事情本身"（Sache selbst）（上）——胡塞尔、海德格尔、伽达默尔理解之差异》，《学术月刊》2009 年第 6 期。

　　［20］洪汉鼎：《何谓现象学的"事情本身"（Sache selbst）（下）——胡塞尔、海德格尔、伽达默尔理解之差异》，《学术月刊》2009 年第 7 期。

［21］洪汉鼎：《伽达默尔的前理解学说（上）》，《河北学刊》2008年第1期。

［22］洪汉鼎：《伽达默尔的前理解学说（下）》，《河北学刊》2008年第2期。

［23］洪汉鼎：《作为想象艺术的诠释学（上）——伽达默尔思想晚年定论》，《河北学刊》2006年第1期。

［24］洪汉鼎：《作为想象艺术的诠释学（下）——伽达默尔思想晚年定论》，《河北学刊》2006年第2期。

［25］张一兵：《"人"与实际性此在的常人化夷平——海德格尔〈存在论：实际性解释学〉解读》，《社会科学战线》2011年第11期。

［26］王奎：《海德格尔"此在的时间性"问题研究》，山东师范大学硕士学位论文，2011。

［27］王金福、王瑞东：《关于理解的"真理性"的几个问题》，《东岳论丛》2010年第10期。

［28］鲁苓：《解释学的路径——从海德格尔到德里达》，《外语学刊》2009年第3期。

［29］王文东：《理解的共识何以可能》，《湖北社会科学》2009年第4期。

［30］王金福：《论理解与文本意义的关系——解释学基本问题探讨》，《苏州大学学报》（哲社版）2008年第2期。

［31］张震：《理解的真理及其限度——西方现代诠释学的艺术哲学向度的考察与批判》，华东师范大学博士学位论文，2006。

［32］陈嘉映：《真理掌握我们》，《云南大学学报》（社会科学版）2005年第1期。

［33］陈嘉映：《作品·文本·学术·思想》，《云南大学学报》（社会科学版）2002年第1期。

［34］张汝伦：《论海德格尔哲学的起点》，《复旦学报》（社会科学版）2005年第2期。

［35］张汝伦：《解释学在二十世纪》，《国外社会科学》1996年第

5 期。

［36］刘永富：《胡塞尔现象学中的"意向性"的三层可能的解释》，《世界哲学》2004 年第 2 期。

［37］王恒：《海德格尔的时间性疏论》，《南京社会科学》2003 年第 12 期。

［38］张立立：《时间与海德格尔的"时间性"》，《求是学刊》2002 年第 1 期。

［39］〔美〕R.E. 帕尔默：《海德格尔的本体论和伽达默尔的哲学诠释学》，《安徽师范大学学报》（人文社会科学版）2002 年第 3 期。

［40］李鲁宁：《以作品存在为核心的美学——伽达默尔艺术理论的基本框架》，《求是学刊》2001 年第 5 期。

［41］李蜀人：《胡塞尔意向性理论的构成及意义》，《西南民族学院学报》（哲学社会科学版）2001 年第 6 期。

［42］张廷国：《胡塞尔现象学的方法论及其意义》，《武汉大学学报》（人文社会科学版）2000 年第 1 期。

［43］黄裕生：《真理的本质与本质的真理——论海德格尔的真理观》，《中国社会科学》1999 年第 2 期。

［44］倪梁康：《胡塞尔与海德格尔的存在问题》，《哲学研究》1999 年第 6 期。

［45］倪梁康：《再论胡塞尔与海德格尔的存在问题》，《江苏社会科学》1999 年第 6 期。

［46］倪梁康：《胡塞尔与海德格尔的哲学概念》，《浙江学刊》1993 年第 2 期。

［47］肖浩：《论伽达默尔解释学的理解概念》，《文艺评论》1998 年 3 月。

［48］陈祥明：《存在·理解·言说——海德格尔的本体论解释学》，《学术月刊》1997 年第 9 期。

［49］邓晓芒：《胡塞尔现象学导引》，《中州学刊》1996 年第 6 期。

［50］周国平：《伽达默尔：作为世界经验的理解和语言》，《哲学研

究》1995 年第 8 期。

［51］〔美〕B. G. 张:《海德格尔的解释学与德里达的解构学》,江振华译,《哲学译丛》1990 年第 3 期。

［52］邓安庆:《评伽达默尔艺术真理中的相对性》,《湖北大学学报(哲学社会科学版)》1988 年第 6 期。

三　诠释学与儒佛道相关研究

1. 专著

［1］张隆溪:《阐释学与跨文化研究》,三联书店,2014。

［2］张隆溪:《道与逻各斯——东西方文学阐释学》,冯川译,江苏教育出版社,2006。

［3］张隆溪:《同工异曲:跨文化阅读的启示》,江苏教育出版社,2006。

［4］张隆溪:《走出文化的封闭圈》,三联书店,2004。

［5］吴莉苇:《天理与上帝——诠释学视角下的中西文化交流》,宗教文化出版社,2014。

［6］赖贤宗:《道家诠释学》,北京大学出版社,2010。

［7］赖贤宗:《儒家诠释学》,北京大学出版社,2010。

［8］赖贤宗:《佛教诠释学》,北京大学出版社,2009。

［9］赖贤宗:《意境美学与诠释学》,北京大学出版社,2009。

［10］〔美〕唐纳德·罗佩兹编《佛教解释学》,周广荣等译,上海古籍出版社,2009。

［11］王庆节:《解释学、海德格尔与儒道今释》,中国人民大学出版社,2009。

［12］李幼蒸:《儒家解释学:重构中国伦理思想史》,中国人民大学出版社,2009。

［13］李清良:《中国阐释学》,湖南师范大学出版社,2005。

［14］周裕锴:《中国古代阐释学研究》,上海人民出版社,2003。

［15］潘德荣:《文字·诠释·传统:中国诠释传统的现代转化》,上

海译文出版社，2003。

　　[16] 刘耘华：《诠释学与先秦儒家之意义生成：〈论语〉、〈孟子〉、〈荀子〉对古代传统的诠释》，上海译文出版社，2002。

　　[17] 周光庆：《中国古典解释学导论》，中华书局，2002。

　　[18] 成中英主编《本体与诠释》，三联书店，2000。

　　[19] 成中英：《世纪之交的抉择——论中西哲学的会通与融合》，上海知识出版社，1991。

　　[20] 成中英：《中国文化的现代化与世界化》，中国和平出版社，1988。

　　[21] 傅伟勋：《佛教思想的现代探索》，台北东大图书公司，1995。

　　[22] 傅伟勋：《从创造的诠释学到大乘佛学》，台北东大图书公司，1990。

　　[23] 傅伟勋：《从西方哲学到禅佛教》，三联书店，1989。

　　[24] 黄俊杰：《孟学思想史论（卷一）》，台北东大图书公司，1991。

　　[25] 黄俊杰：《孟学思想史论（卷二）》，台湾中研院中国文哲研究所筹备处，1997。

　　2. 论文

　　[1] 班班多杰：《中国佛教的时代特色与发展方向——用诠释学视角聚焦中国佛教的昨天、今天和明天》，《中国民族报》2015年5月19日。

　　[2] 成中英：《作为知识和理解的科学——一个本体诠释学的诠释》，《学术月刊》2015年第3期。

　　[3] 成中英：《"理一分殊"的本体诠释：兼论经学的本体学性质》，《深圳大学学报》（人文社会科学版）2015年第4期。

　　[4] 成中英：《船山易学的本体诠释》，《船山学刊》2015年第4期。

　　[5] 成中英：《中国文化的本质与走向》，《北大中国文化研究》2015。

　　[6] 成中英：《诠释学中的存在接受性与意义创造性：从伽达默尔到本体诠释学（上）》，《安徽师范大学学报》（人文社会科学版）2014年第

5 期。

　　[7] 成中英:《诠释学中的存在接受性与意义创造性:从伽达默尔到本体诠释学(下)》,《安徽师范大学学报》(人文社会科学版) 2014 年第 6 期。

　　[8] 成中英:《论本体诠释学的四个核心范畴及其超融性》,《齐鲁学刊》2013 年第 5 期。

　　[9] 成中英:《儒家哲学的理论重建及其五项实践》,《社会科学战线》2013 年第 1 期。

　　[10] 汤一介等:《在中西哲学之间》,《社会科学论坛》2014 年第 9 期。

　　[11] 汤一介:《论创建中国解释学问题》,《学术界》2001 年第 4 期。

　　[12] 汤一介:《再论创建中国解释学问题》,《中国社会科学》2000 年第 1 期。

　　[13] 汤一介:《三论创建中国解释学问题》,《中国文化研究》2000 年第 2 期。

　　[14] 汤一介:《关于僧肇注〈道德经〉问题——四论创建中国解释学问题》,《学术月刊》2000 年第 7 期。

　　[15] 汤一介:《"道始于情"的哲学诠释——五论创建中国解释学问题》,《学术月刊》2001 年第 7 期。

　　[16] 景海峰:《论儒家经典诠释的层级性》,《中国文化》2015 年第 2 期。

　　[17] 景海峰:《"天人合一"观念的三种诠释模式》,《哲学研究》2014 年第 9 期。

　　[18] 景海峰:《经学与哲学:儒学诠释的两种形态》,《哲学动态》2014 年第 4 期。

　　[19] 景海峰:《儒家诠释学的当代发展》,《中国思潮评论》2012 年。

　　[20] 景海峰:《儒家思想现代诠释的哲学化路径及其意义》,《中国社会科学》2005 年第 6 期。

　　[21] 景海峰:《从训诂学走向诠释学——中国哲学经典诠释方法的现

代转化》,《天津社会科学》2004 年第 5 期。

[22] 景海峰:《解释学与中国哲学》,《哲学动态》2001 年第 7 期。

[23] 景海峰:《中国哲学的诠释学境遇及其维度》,《天津社会科学》2001 年第 6 期。

[24] 景海峰:《从傅伟勋看当代中国哲学辩证的开放性》,《文化与传播(第五辑)》,海天出版社,1997。

[25] 傅伟勋:《创造的诠释学及其应用》,《时代与思潮》1990 年第 2 期。

[26] 傅伟勋:《儒家思想的时代课题及其解决线索》,《孔子研究》1987 年第 4 期。

[27] 李清良、张丰赟:《论中国诠释学研究的兴起缘由》,《山东大学学报》(哲学社会科学版)2015 年第 5 期。

[28] 洪汉鼎:《如何理解和筹建中国现代诠释学》,《湖南大学学报》(社会科学版)2015 年第 5 期。

[29] 洪汉鼎:《诠释学与中国经典诠释问题及未来》,《武汉大学学报》(人文科学版)2012 年第 4 期。

[30] 刘成有:《比较经学与〈大乘起信论〉》,《比较经学(第三辑)》,宗教文化出版社,2014。

[31]〔德〕李可:《道教与诠释学——德国学者谈道教经典之解读》,田茂泉编译,《世界宗教文化》2014 年第 3 期。

[32] 张能为:《伽达默尔与中国哲学的解释学效应意义》,《武汉大学学报》(人文科学版)2014 年第 5 期。

[33] 林安梧:《"道"、"经典"与"诠释"——"经典诠释"的存有学探源》,《学术月刊》2014 年第 6 期。

[34] 肖清和:《诠释与更新:清初传教士白晋的敬天学初探》,《比较经学(第四辑)》,宗教文化出版社,2014。

[35] 王金凤、李承贵:《中国诠释学的个案研究——20 年来中国诠释学研究述评》,《现代哲学》2014 年第 5 期。

[36] 张忠英:《〈周易禅解〉的诠释学考察》,中国计量学院硕士学

位论文，2014。

李承贵：《"知人论世"——作为一种诠释学命题的考察》，《齐鲁学刊》2013年第1期。

［37］亓光：《当代诠释学的发展与中国借鉴述评》，《中国社会科学院研究生院学报》2012年第6期。

［38］梁丹丹：《北宋经学诠释学思想研究——论以"理"求义的本体论诠释学》，复旦大学博士学位论文，2012。

［39］李凯：《孟子诠释思想研究》，台湾万卷楼图书股份有限公司，2012。

［40］李凯：《哲学诠释学与中国古代诠释思想的异质性》，《云南社会科学》2009年第3期。

［41］李凯：《"中国诠释学"的发展现状及其存在的问题》，《西南农业大学学报》（社会科学版）2008年第1期。

［42］李凯：《孟子的诠释思想》，山东大学博士学位论文，2008。

［43］解丽霞：《中国哲学的意义之维与方法选择》，《现代哲学》2011年第3期。

［44］陈治国：《2009~2010：诠释学与中国》，《山东大学学报》（哲学社会科学版）2011年第4期。

［45］刘笑敢：《诠释与定向——中国哲学研究方法之探究》，商务印书馆，2009。

［46］李建盛：《哲学诠释学的效果历史意识与文学史的诠释学意识》，《深圳大学学报》（人文社会科学版）2009年第1期。

［47］姜华：《论中国哲学"六经注我"的解释学方法》，《齐齐哈尔大学学报》2004年第1期。

［48］王庆节：《老子的自然观念：自我的自己而然与他者的自己而然》，《求是学刊》2004年第6期。

［49］贾红莲：《中国解释学与解释学中国化》，《江海学刊》2003年第4期。

［50］蔡方鹿：《朱熹经典诠释学之我见》，《文史哲》2003年第2期。

后　记

　　本想认真写一篇后记，算是对这些年学习生活的一个小结，并正式与民大告别。行文至此，却不知该如何表达，意不成言，情感淤塞在胸中不知如何下笔。"山回路转不见君，雪上空留马行处"，即是我此刻的心情。读博是自儿时起的一个模糊梦想，听到"博士"这个称谓便莫名其妙地被吸引。后来自己所倾心的专业渐渐明了，这个模糊的梦想也渐渐变得清晰。求学十几载，虽然才不配位，却也勉力而学。回头来看，这其中的诸多因缘际会，全赖亲人师长的成全，这些无私的恩情，真不知该如何报答。

　　硕士三年对我来说更像是从本科向博士阶段的过渡期，有了同学们的温暖陪伴，这三年也在"嘻嘻哈哈"中很快度过。因此硕士阶段对我来说是"不自觉的幸福"，并未来得及去体尝这幸福的滋味。博士的学习阶段，学习与生活变得更加恬淡与孤独，我得以有更多时间直面自己，也可以更深入地研究自己的专业方向。因此博士阶段的三年是"自觉的幸福"，我时刻都知道自己处在幸福之中，并且体尝与反思着每一天的"味道"。我感恩地享受着博士三年孤寂宁静的生活，尽量让每一天都充实起来，让我隐约品到了"无常"的味道。对幸福时光的自觉珍惜反而让我进入对另一个问题的思考，即"人生意义的问题"，既然一切都会随风而逝，那么我经历这一切有什么意义呢？这个问题把我抛入了人生两端无尽的黑暗，人生这一段看似"光明"的时光反而将人生的两端之外的黑暗映衬得更加漫无边际。看似自由生活的我们貌似早已被人生两端之外的黑暗所囚禁。遗憾的是，三年来我也没想清楚这个问题，或许这个问题本就没有答案；或许我太执着意义的"有"，而忽视了其"无"的一面；或许人生的意义需要人去赋予，而非去寻找……但愿在未来的学习与生活中能够对这个问题有更进一步的体悟。

意义的"虚"与"无"，却也终究破不了现实生活的"实"与"有"。尤其是生活与求学路上亲友师长对我的恩情，让我难以忘怀，无以为报。感激父母对我的支持与无私的付出，孔子认为孝子的标准之一是"父母唯其疾之忧"，若以此来衡量，我显然并不达标，唯愿今后能有所补偿。在此还要特别感激何其敏教授，我硕士期间的导师刘成有教授，博士期间的导师孙悟湖教授和班班多杰教授。我深知自己才疏学浅，没有四位老师对我的宽容与成全，无法顺利完成六年的学业。在今后的人生路上，唯有自强不息、好学奋进以报师恩，但愿有一天才学积累能让我从容地说出自己曾师从于四位恩师。感谢所有帮助过我的良师益友，一篇短短的后记虽无法尽收诸多的恩情，但也许可以表达我的一颗感激之心。

最后，虽然不舍，还是和民大说声再见吧。再见民大，谢谢你陪伴了我六年的时光，我对你只有不可言说的深情。

戎　川

2019.1.26

图书在版编目（CIP）数据

唐代僧人"前理解"研究／戎川著. -- 北京：社
会科学文献出版社，2019.3
（中央民族大学民族宗教学研究博士文库）
ISBN 978-7-5201-4332-5

Ⅰ.①唐… Ⅱ.①戎… Ⅲ.①佛教史-研究-中国-
唐代 Ⅳ.①B949.2

中国版本图书馆 CIP 数据核字（2019）第 026972 号

·中央民族大学民族宗教学研究博士文库·
唐代僧人"前理解"研究

著　　者／戎　川

出 版 人／谢寿光
项目统筹／孙美子　宋月华
责任编辑／孙美子　卫　羚

出　　版／社会科学文献出版社·人文分社（010）59367215
地址：北京市北三环中路甲 29 号院华龙大厦　邮编：100029
网址：www.ssap.com.cn
发　　行／市场营销中心（010）59367081　59367083
印　　装／三河市尚艺印装有限公司

规　　格／开　本：787mm×1092mm　1/16
印　张：10.75　字　数：165 千字
版　　次／2019 年 3 月第 1 版　2019 年 3 月第 1 次印刷
书　　号／ISBN 978-7-5201-4332-5
定　　价／98.00 元